eビジネス新書

No.328

週刊東洋経済

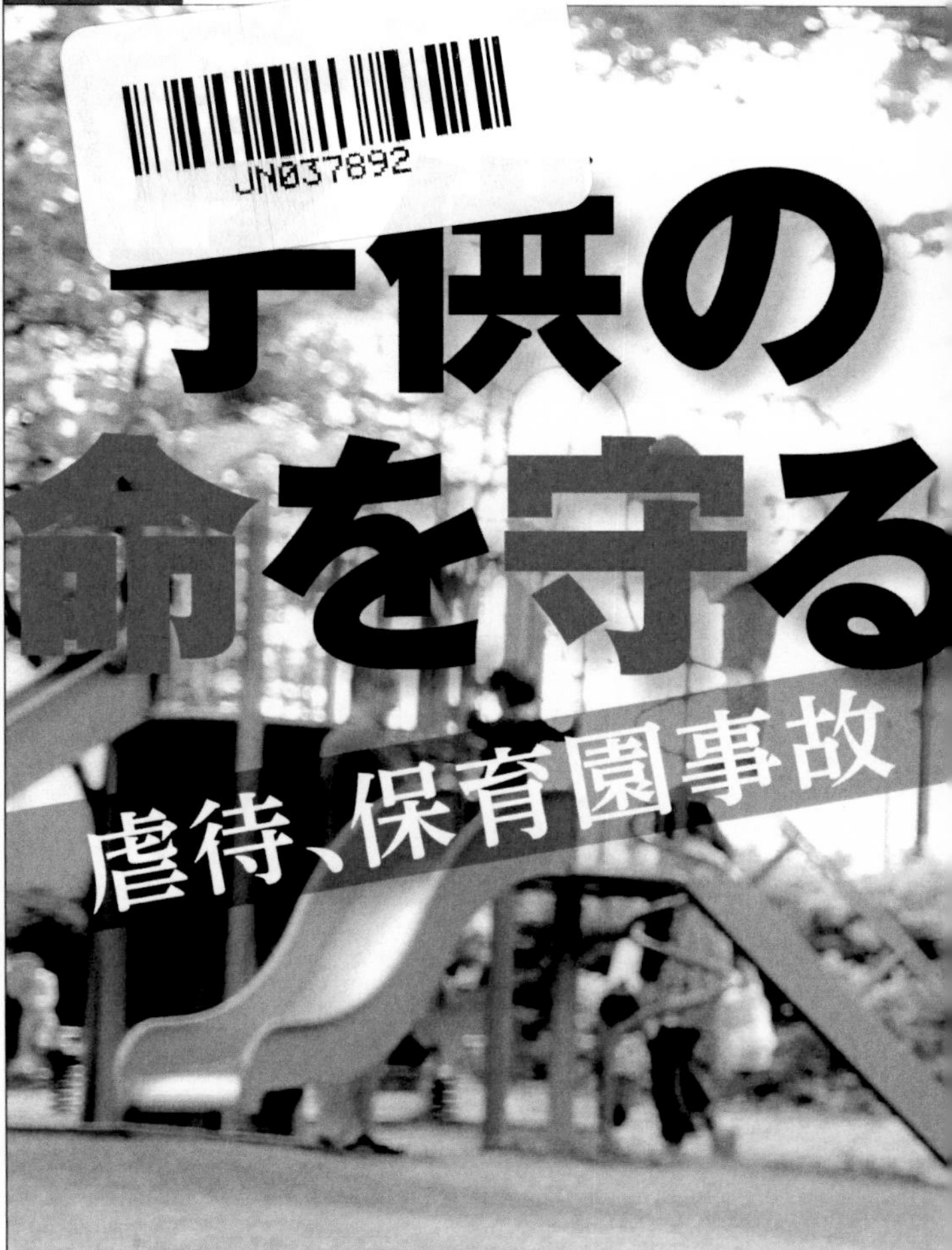

子供の命を守る

虐待、保育園事故

週刊東洋経済 eビジネス新書　No.328

子どもの命を守る

本書は、東洋経済新報社刊『週刊東洋経済』2019年9月21日号より抜粋、加筆修正のうえ制作しています。情報は底本編集当時のものです。（標準読了時間　90分）

子どもの命を守る　目次

・子どもの命を守るのは大人の責任だ……1
・知られざる児童虐待……3
・INTERVIEW　潜在的な虐待死数は3～5倍（沼口　敦）……21
・INTERVIEW　虐待はゼロにはできない　転んだときの手助けが必要（ブローハン聡）……25
・【独自調査】パンクする児童相談所……29
・虐待の連鎖を食い止める　介入と支援の役割分担……42
・民間〝ハブ拠点〟の存在意義……47
・虐待を引き起こすDV　親の支援も急務……56
・模索と実践　大阪・西成の児童虐待防止策……58
・〝薬漬け〟児童養護施設の現実……64
・保育園の重大事故から子どもを守る……70
・保育士　低賃金のカラクリ……77

・認可外保育施設でも5年間はフリーパス……88
・【匿名座談会】追い込まれる保育現場……95
・支援員が足りない　学童保育の窮状……101

虐待、保育園事故…

子どもの命を守るのは大人の責任だ

子どもの虐待死が相次いでいる。2019年1月には千葉県野田市の栗原心愛（みあ）さん（10）、6月には札幌市の池田詩梨（ことり）ちゃん（2）が虐待によって命を落とした。さらに8月末には、鹿児島県出水市で母親の交際相手から虐待を受けたとみられる4歳の女の子が亡くなっていたことがわかった。

相次ぐ悲惨な虐待は決してひとごとではない。ごく普通の家庭でも、育児ノイローゼや家族の孤立、DV（ドメスティックバイオレンス：家庭内暴力）などにより深刻な虐待が起こりうる。受験期に過度に子どもを追いつめる教育虐待も社会問題化している。

虐待死が起こると、矢面に立たされるのが児童相談所だ。だが児童福祉司の人手不足で現場はパンク状態。いかに〝児相頼み〟から脱却し、虐待を防止するか。その仕組みづくりが問われている。

命を担う人材が足りない

虐待以外にも、子どもの命には危険が忍び寄る。例えば幼児を安全に預かる場である保育園も、実は危険と隣り合わせだ。保育園で起こった重大事故の件数は、2018年に約1200件と近年急増している。

保育園をめぐっては、2019年10月から幼児教育・保育の無償化が始まった。それにより予測されるのが、現場を担う保育士のさらなる不足。すでに低賃金、過重労働で離職が相次いでおり、保育の質をいかに保つかが喫緊の課題となっている。

こうした命のリスクから子をいかに守るか。虐待について、専門家は背景の1つに日本では子どもの権利への意識が低いことを挙げる。児童福祉法に「子どもの権利」が明文化されたのは16年。今後その具体的な議論が求められる。

さらに保育園事故や不慮の事故を防ぐには、親がそのリスクを十分に把握することが不可欠だ。

知られざる児童虐待

虐待死と認定されている子どもの死は、実は氷山の一角だ。

2018年1月11日19時ごろ。愛知県豊田市に住む三つ子の母(当時29)が、自宅で生後11カ月の次男が泣きやまないことに腹を立て、床にたたきつけた。次男を投げ落とすと、母は「気持ちが少し落ち着いた」という。

その後、様子がおかしいことに気がつき、自ら119番通報。救急車が到着するまで心臓マッサージを施した。しかし1メートルを超える高さから畳に2回たたきつけられた次男は、脳損傷により同26日に亡くなった。母は殺人未遂の容疑で逮捕された。

裁判員裁判で、2019年3月、名古屋地方裁判所岡崎支部は、傷害致死罪で懲役

3年6カ月の実刑判決を言い渡した。

弁護側は母が育児で追い詰められ、うつ状態だったと主張。泣き声を聞くと動悸や吐き気が起こり、自分の体をあざができるほどたたき、いら立ちを抑えた。裁判長は、「危険性が高く悪質」とした一方、「懸命に育児を行っており、犯行に至る経緯に同情できる点も少なくない」と述べた。

母は2013年に結婚。16年に豊田市内の家賃月7万円ほどのアパートに移り住んだ。その後、不妊治療を経て三つ子を妊娠する。自身の両親は自営業で忙しいうえに祖父母の介護を抱えていた。夫(当時31)は製造業勤務で、夜勤の日もあったが、17年1月に子どもが生まれると半年間の育児休暇を取得した。妊娠期には夫婦そろって、市が主催する子育て教室に2回参加している。

「1人育てるのも手いっぱい。三つ子は大変だったでしょうね。とくにこの階段は絶対に無理やわ」。三つ子家庭の近所に住む子連れの女性はそう話した。一家が住んでいたのはエレベーターのないアパートの4階の部屋だ。

市の子ども家庭課の保健師が、乳児が対象の全戸家庭訪問で三つ子の家を訪れたのは17年5月。母が保健師に育児の不安を伝えると、保健師は一時的に子どもを預かる「ファミリーサポートセンター」を紹介した。母は登録したものの、利用はしていない。3人の子どもを抱えて階段を下り、事前の面談に行くことができなかった。

届かない行政の支援

同じ頃に受けた三つ子の3～4カ月児健康診査では、虐待が疑われる兆候もあった。問診票の「子どもの口をふさいだ」という欄に丸をつけていたのだ。事情を聞いた保健師に母は「集合住宅で、子どもの泣き声が気になり手を当てた」と話した。長男の背中にはあざがあった。しかし虐待だと断定できる根拠はなく、医師もケガで説明がつくと考えた。その際、亡くなった次男は健診を受けていない。

豊田市の子ども家庭課長は、「異変に気づき子どもを助けられたのは、健診のときだったのかもしれない」と声を詰まらす。母が行政のサービスを利用できず、育児で孤立していたことは事件後に知った。「ごく普通のお母さんに見えた。お父さんが育休を取っていたから、私たちも安心してしまった」。

ほかの虐待死の事例でも、行政の支援を受けていない家庭は多い。次図は2017年度に起きた58件の虐待死事例で、行政などによる子育て支援事業の利用状況を表す。半数以上の親は、まったく支援を受けていない。

■虐待予防のための行政支援も届かず

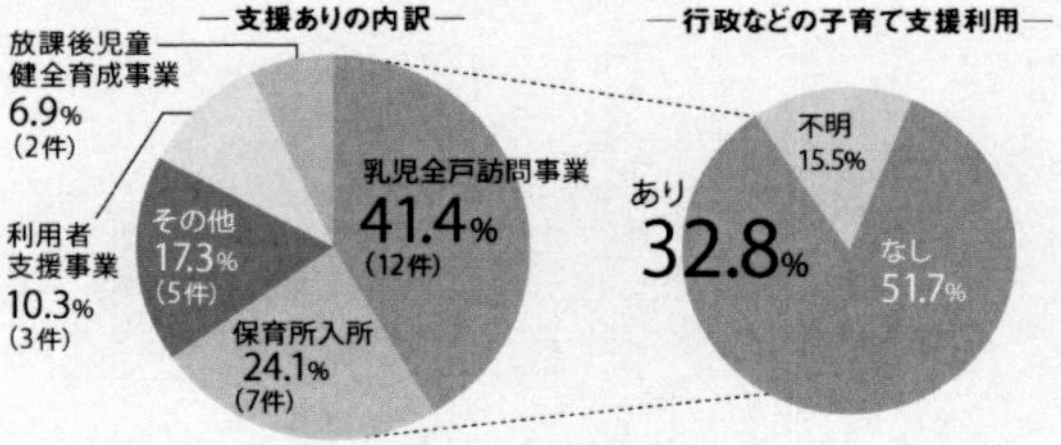

(注)2017年度に発生した全国の虐待死事例58件が対象。「乳児全戸訪問事業」は国主導で実施され、乳児のいる全家庭を訪問。「利用者事業支援」は子育て支援の行政相談窓口。「放課後児童健全育成事業」は小学生児童の学童保育のこと
(出所)厚生労働省「子ども虐待による死亡事例等の検証結果等について」(2019年)

利用があった約3割でも、内訳は国が義務づける「乳児全戸訪問事業」が多数を占めた。これは1回きりの訪問で、継続的な支援とはいえない。「保育所入所」、子育て支援事業を使うための情報提供や相談を行う「利用者支援事業」と続く。病児保育や一時預かりなど、直接的な支援はほぼ使われていない。

「助けて、と言わないお母さんに対しては、介入しづらいのが現状だ」。前出の子ども家庭課長は行政支援の難しさを語る。

豊田市は年間4000人ほどの乳児健診を行っている。健診の問診票には「子どもの口をふさぐ」以外にも、「感情的な言葉で怒鳴った」「感情的にたたいた」などの要注意項目がある。

要注意項目に印がつくケースは受診者の4分の1ほど。その中から経済的に不安定な家庭や未婚家庭などが優先的に支援対象になる。一方、三つ子など多胎児の家庭は、事件前はリスクと認識されていなかった。

子どもが亡くなる事件が起こると、世間の批判は児童相談所（児相）に向かうことが多い。だが児相は本来、虐待通告を受けて動き出す「児童虐待のゴールキーパー」である。そのため虐待の発生予防には、児相の前に子どもや親に日頃から関わる市区町村の担当課や学校の教師、医師などのサポートが重要になる。しかし、三つ子の母子は、市の支援にさえつながっていなかった。

■ 虐待防止には大人たちの連携が不可欠
―子ども虐待に対応するネットワーク―

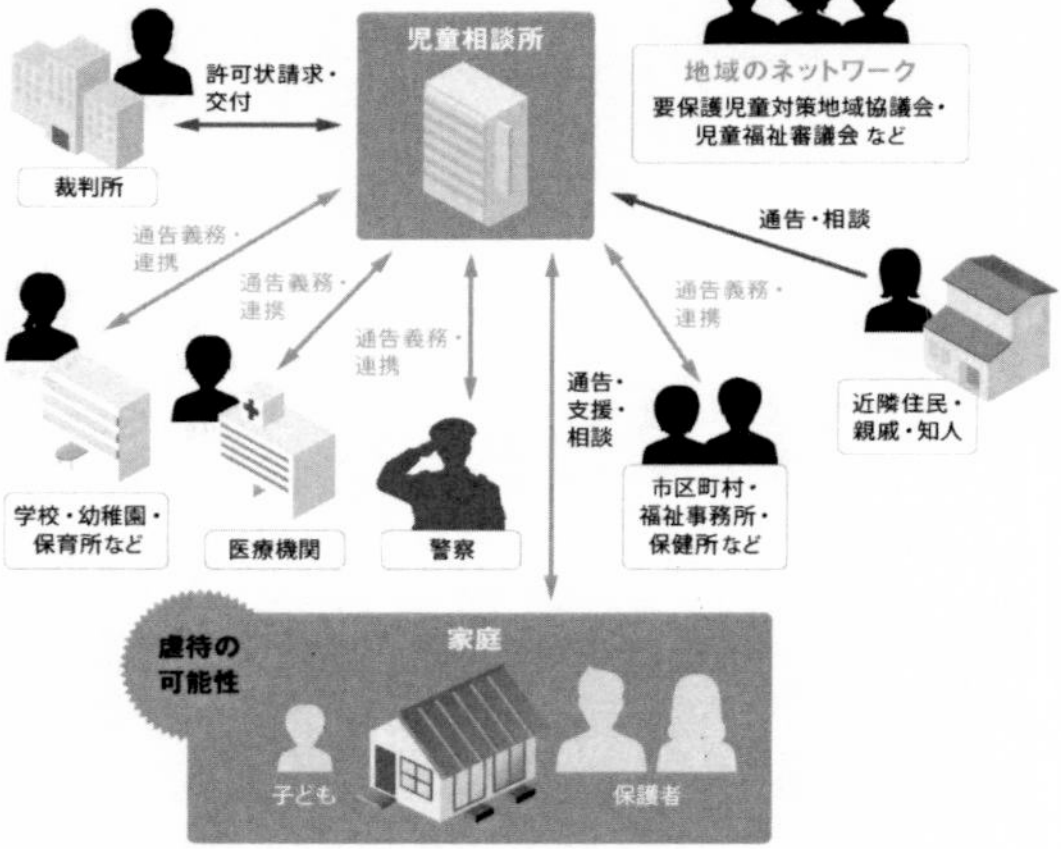

（出所）取材を基に本誌作成

岐阜県内で双子や三つ子などの多胎家庭を支援する、NPO法人ぎふ多胎ネットの糸魚川誠子代表は、「子育ては社会でするもの。すべてが自己責任だと言われたら、誰も子どもを産みたいと思えなくなってしまう」と話す。

三つ子の母に対しては、執行猶予付きの判決を求める署名活動が行われている。19年9月9日現在で、3万6000筆を超える署名が集まった。同じように子育てをする母親などが、この母は残る2人の子を育てながら罪を償うべきと支援している。

母は保釈後、署名活動を広めたぎふ多胎ネットに、弁護士を通じてメッセージを出した。

「毎日次男を思い出し、胸が張り裂けそうな思いです。次男の命を奪ったことは決して許されることではなく、私の命をかけても償いきれないことだと思いますが、これからの一生をかけて償っていきたいと思っています。そして、残る2人の子どもたちの母でもあることを考えると、一日も早く子どもたちとともに生活していきたいと思います」

19年9月24日、2審の名古屋高裁は一審の判決を支持し懲役3年6月の実刑とした。

埋もれている虐待死

三つ子の家庭で起きたような0歳児の死は、虐待死全体の5割を占める。しかし、こうした「虐待死」と認定されている子どもの死は氷山の一角だとされている。

虐待死はここ10年、年間70~90件で推移している。この死亡件数は、厚生労働省の死亡事例検証報告書に基づくものだ。だが、この報告書がすべての虐待死を網羅しているわけではない。

厚労省で検証される虐待死は、自治体からの報告や報道されたものが対象のため、自治体が虐待死と断定できない事例は含まれていないからだ。例えば虐待はあったが、死亡と明らかな因果関係は存在しないと司法解剖で判断された事例や、保護者が逮捕されたが不起訴になった事例は含まれない。

虐待による死亡数

国の検証によると年間70〜90人が虐待死として報告されている。しかし、実際にはその約3〜5倍の虐待死が存在する可能性がある

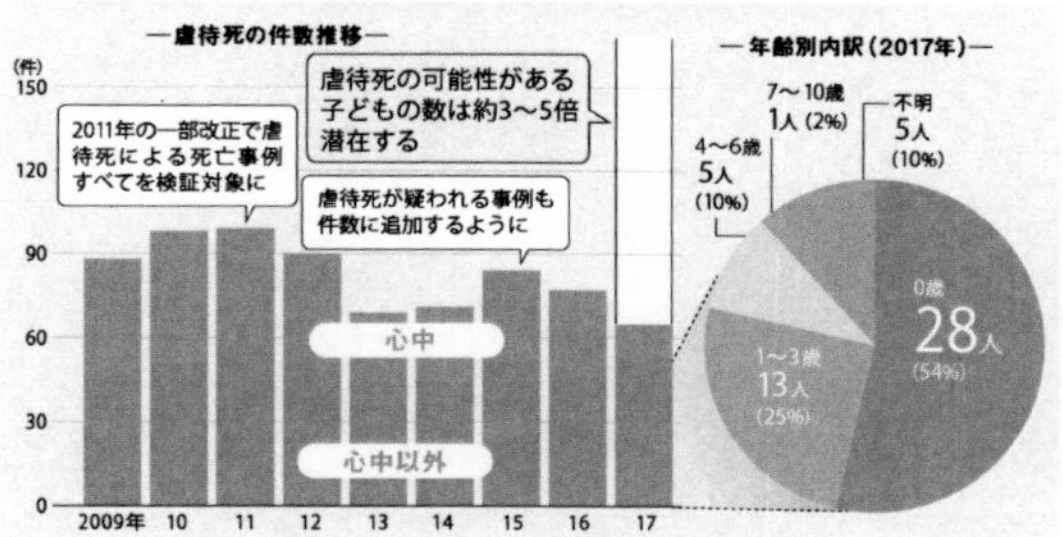

（出所）厚生労働省「子ども虐待による死亡事例等の検証結果等について」、川崎二三彦「虐待死　なぜ起きるのか、どう防ぐか」を基に作成

2016年の社会保障審議会児童部会では、「これまでの死亡事例検証は子ども虐待による死亡を見逃している可能性を否定できない」と議論され、同年の第13次報告書から、自治体が虐待死と判断できなかった事例も「疑義事例」として国の検証報告で計上され、検証されるようになった。

疑義事例は年々増加しており、まだ多くの虐待死が埋もれている可能性がある。例えば、「保護者からの了承が得られず司法解剖ができない事例などで、虐待死が見過ごされている可能性がある」と、報告書の専門委員会委員を務めた経験がある、子どもの虹情報研修センターの川崎二三彦センター長は指摘する。

日本小児科学会の全国調査によると、虐待死は国の統計の3～5倍に上る可能性があるとされる。米国では18歳未満のすべての子どもの死亡検証が義務づけられており、日本でも導入が検討されている。

虐待の検証は、その後の予防対策にとっても重要だ。例えば、2006年に京都府で3歳の男児がネグレクトによって餓死した事件では、児相に報告があったにもかかわらず保護されていなかったことがわかり、翌年、通告から48時間以内に安全確認を行うルールが全国統一された。18年の目黒区の船戸結愛（ゆあ）ちゃん、19年1月の千葉県野田市の栗原心愛（みあ）さんが亡くなった事件で虐待の理由はしつけだと述べられたことを受け、6月に改正された児童虐待防止法では、親のしつけによる体罰が禁止された。

虐待死事件が注目される一方、虐待は保護された後も被害者を一生苦しめる。児童養護施設などを出た後の若者を支援する「ゆずりは」の高橋亜美代表は、「虐待によるトラウマを解消するのは簡単なことではない。また、成人後も頼れる家族がいないことから、想像以上の社会的ハンディを背負わなければならない」と話す。

児相の対応件数は、18年に約16万件に達した。特定の親や児相を責めるのではなく、社会で子どもを救う抜本的な改革が必要だ。

急増する対応件数

児童相談所の対応件数は過去最高に。通告経路の5割が警察からで、子どもの目の前で起きたDVが通告義務化され件数が急増した

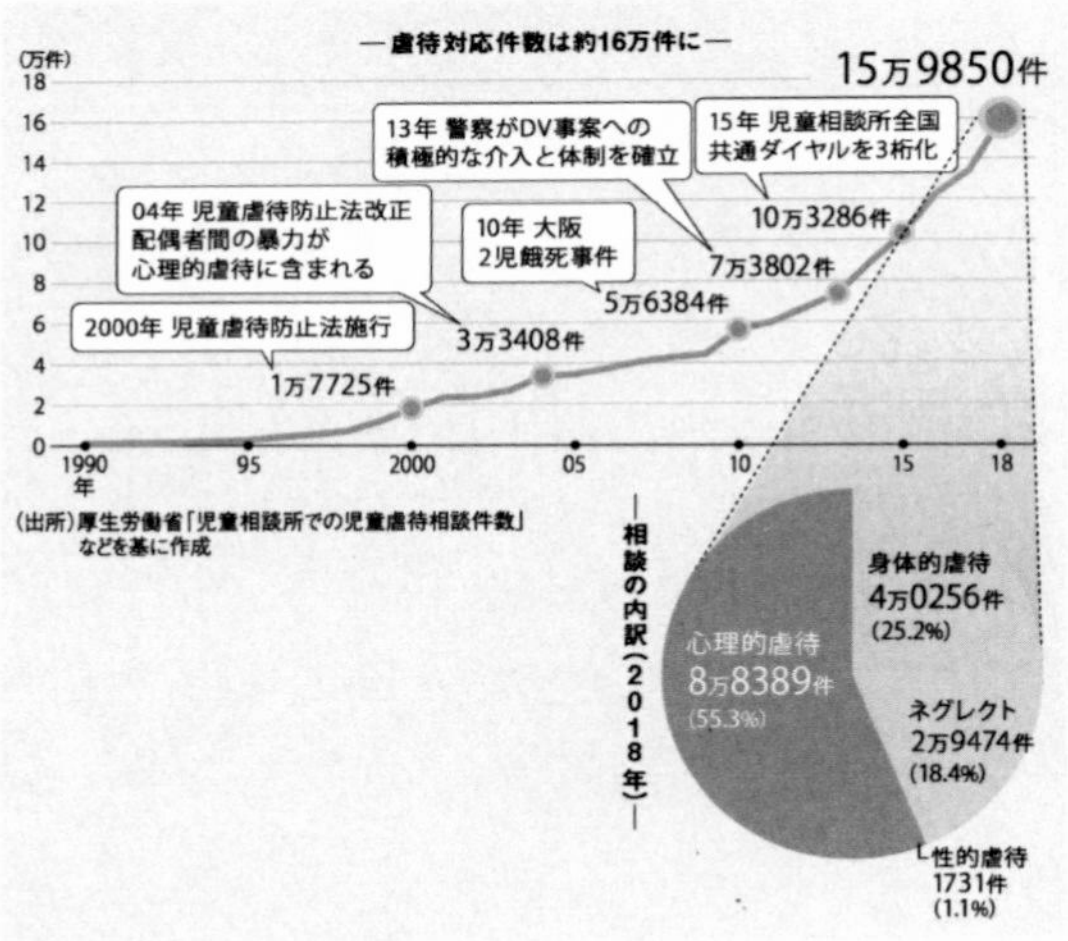

(出所)厚生労働省「児童相談所での児童虐待相談件数」
などを基に作成

法改正があっても止まらない虐待

2000年以降を見ても、児童虐待防止を目的とした法律や制度の改正は繰り返されてきたが、虐待事件はおさまっていない。

（出所）厚生労働省の資料や新聞報道などから

【法令】2000年：児童虐待防止法施行

18歳未満の子どもへの虐待を定義（身体的虐待、性的虐待、ネグレクト、心理的虐待）、住民の通告義務。

【事件】2003年：岸和田中学生事件

15歳の男児が長期間にわたりネグレクトされ、餓死寸前の重体で発見される。父親、継母に実刑判決。

【法令】2004年：児童虐待防止法・児童福祉法の改正

同居人による虐待を放置することも虐待の対象に。要保護児童対策地域協議会の設置を義務化。

【事件】２００６年：京都府幼児餓死事件

３歳の男児が食事を与えられず餓死。児相に通報があったものの保護されず。父親と同居女性に実刑判決。

【法令】２００７年：児童相談所運営指針を改正

４８時間ルール（通告から４８時間以内に安全確認）を全国化。

【法令】２００７年：児童虐待防止法・児童福祉法の改正

児童相談所の強制立ち入りが可能に。

【法令】２００８年：児童福祉法の改正

乳幼児家庭全戸訪問などの法定事業化。要保護児童対策地域協議会の機能を強化。

【事件】２０１０年：大阪２児餓死事件

３歳と１歳の幼児が母親のネグレクトによりマンションに放置され死亡。母親に実刑判決。

【法令】２０１１年：児童福祉法の改正

親権停止と管理権喪失の審判について児童相談所長に請求権を付与。

【事件】2014年：厚木市衰弱死事件

父親から5歳児がアパートに放置され、衰弱死。白骨化した遺体が発見される。父親に実刑判決。

【法令】2016年：児童福祉法・虐待防止法等の改正

子どもの権利を初めて明文化。里親委託の推進。

【法令】2016年：児童相談所強化プラン

児童福祉司増員、弁護士の配置など。

【事件】2016年：狭山市女児虐待死事件

3歳児が母親、内縁の夫から日常的に暴行を受け、風呂場で冷水をかけられ死亡。母親らに実刑判決。

【法令】2017年：児童福祉法等の一部改正

児童の保護についての司法関与を強化。（家裁による一時保護の審査導入など）

【法令】2018年：児童虐待防止対策体制総合強化プラン

2016年の強化プランを刷新。児童福祉司をさらに増員。

【事件】２０１８年：目黒区女児虐待事件
５歳の女児が養父から日常的に虐待を受け死亡。
【法令】２０１９年：児童虐待防止法の改正
親のしつけでの子どもへの体罰を禁止し、明文化。児童相談所で一時保護などをする職員と保護者の支援をする職員を分け、介入機能を強化。
【事件】２０１９年：千葉県野田虐待死事件
小４の女児が父親から度重なる暴行を受け、冷水を浴びせられるなどの虐待により死亡。
【事件】２０１９年：札幌市虐待死事件
２歳の女児が、食事を与えられず衰弱死。
【事件】２０１９年：鹿児島県女児虐待死事件
母親の交際相手から暴行を受けていたとみられる４歳の女児が死亡。

（辻　麻梨子、井艸恵美）

INTERVIEW　見逃されている死の発掘を

潜在的な虐待死数は3～5倍

名古屋大学医学部附属病院　救急・内科系集中治療部　講師・沼口　敦

子どものすべての死を検証する取り組みが「チャイルド・デス・レビュー（ＣＤＲ）」だ。予防できる子どもの死を減らすことを目指し、日本では２０１０年代から本格的に研究が始まっている。

私が携わっている厚生労働省のＣＤＲ研究では、１４～１６年に全国の小児科病院などの施設で亡くなった１８歳未満の死亡例を対象に、データが得られた２３４８人分の死因を検証した。具体的には、亡くなった子の死亡時の様子、検査結果、虐待の有無や解剖結果などを病院から聞き取り、ＣＤＲを研究する専門家が死因の再判定を行った。

その結果、虐待が原因と考えられる死亡例は、全死亡例の6％に当たった。国による既存の死亡事例検証では、虐待死の割合は子どもの全死亡数の約2％だが、この数字と比較すると、潜在的な虐待死者数は3～5倍ほどになると推計される。

政府統計との間に大きな差があるのは、虐待の定義を広げたのも一因だと考えられる。研究では、大人の養育が適切であれば防げた死（養育不全）も虐待死と見なした。養育不全には、従来は事故と認識されていたものも含む。例えば、小さな子どもを1人で留守番させている間に火事が起こり亡くなった事例や、知識不足で子どもに必要な栄養を与えず衰弱死させてしまった事例だ。意図的でなくても養育不全が子どもに害を与えたならば、虐待と同等の検証が必要だと考える。

検証は予防への第一歩

ＣＤＲは、虐待死の可能性が高いが見過ごされ検証されなかった「埋もれた虐待死」を見つける点でも有効だ。

集めたデータを基に、専門家が虐待死の可能性を5段階中最も高いと判断した事例でも、死亡した患者の担当医師は虐待可能性はない正反対のケースとして報告していた場合がある。

これには、妊娠を知りながら検診を受けずに死産となったものなどが当てはまった。必要なケアを怠った、ネグレクトと判断されたためだ。

このように虐待を広く捉えることで、埋もれてきた事例も検証の対象とし、子どもの死亡に対する具体的な予防策を考える。それが亡くなった子どもの死を無駄にしないために重要であり、これから生きていく子どもを守ることにもつながる。子どもの死に間近で接する医師には、虐待の可能性を適切に判断する責任があると感じる。

CDRは2018年12月に成立した「成育基本法」の中に実施すべきとの主旨が盛り込まれた。しかし政府主導の具体的な取り組みはこれからだ。予防できる子どもの死を防ぐため、医師や行政が連携してCDRを早期に実施することが望まれる。

（聞き手・辻　麻梨子）

沼口　敦（ぬまぐち・あつし）
1996年名古屋大学医学部卒業。小児科医。循環器系の治療に当たる。11年から救急科。日本小児科学会所属。厚生労働科学研究費補助金事業研究代表者。

虐待はゼロにはできない　転んだときの手助けが必要

ブローハン聡

児童養護施設などを退所した若者が集える場として、2019年7月に開設された「クローバーハウス」（さいたま市）。施設長のブローハン聡さん（27）は、4歳から11歳まで義父から虐待を受けていた。現在は青少年自助自立支援機構の職員として施設の子どもや退所者の相談を受け、支援者へ橋渡しをしている。

――どのような家族でしたか。

母はフィリピン人。父はもともと家族があり、自分は認知されず非嫡出子として生まれた。4歳の頃、母が結婚して、義父からの虐待が始まった。夜、寝ていると、帰ってきた義父が鍵穴に鍵を入れる音が聞こえ、その音で酔っているのかがわかる。寝ている自分の頭の上に枕を置き、その上を踏んで何度もジャンプをした。

殴られるのは当たり前。バイクの後ろに乗せて振り落とされたり、水風呂に顔をつけ押さえ込まれたりと、命を脅かされるような暴力を日々受けていた。

泣き顔を見せればエスカレートするから、我慢した。あまりに痛くて言葉にならない。その瞬間は意識を飛ばし、人形のように無になる。今思うと、そうやって自分を守っていたのだと思う。

――誰かに助けを求めることはできなかったのですか。

好きな母を困らせたくなかった。母に矛先が向かないよう、自分だけで収まってほしかった。

11歳のとき、ライターでお尻や耳をあぶられてやけどをした。そのせいで不自然な座り方をしていたら、学校の先生が虐待に気づいて一時保護された。そのときは、「ばれてしまった」と血の気が引いた。周囲に話せば、必ず家に引き戻されると思っていたからだ。

「助けて」と言えない

児童養護施設に入所後、やっと安心して眠れるようになった。しかし14歳のとき、母が乳がんで亡くなり、初めて心が崩壊しそうになった。「義父と実父のせいで母がこんな目に遭ったんだ」と怒りが湧いた。その一方、「自分が悪かった」と死にたくなった。

そのとき偶然、ある写真を見て衝撃を受けた。紛争地域で飢餓によりうずくまる少女と、その後ろで少女の死を待つハゲワシの写真だ。自分は恵まれた環境にあると客観視できた。義父がいなければ、人の痛みがわからない人間だったかもしれない。母に対して誇りを持てる人生を送ろうと誓った。

高校卒業後、施設を退所し携帯電話の販売員として働き自活。26歳のとき、養護施設出身者が自分たちの声を届ける活動に参加するようになる。施設出身者は帰れる場所がなく頼れる相手もいない。クローバーハウス（施設出身者の居場所事業）は、「助けて」と言えない人も助けられる場にしたい。

――虐待をなくすにはどうしたらよいでしょうか。

虐待をゼロにするというのは、人に「転ぶな」と言っているのと同じ。転んでもどうサポートするかだ。子どもも大人も、両方を救える仕組みが必要。児童相談所など一部の専門職だけに任せるのではなく、社会を一つひとつ変えていかなければ解決しない。

例えば、日本は子どもと大人が交流する空間が少ない。２０１８年視察に行ったカナダでは、公民館が小学校に併設されており大人と交流する場が多く、支援情報も気軽に見られた。こうしたコミュニティーハブをもっと増やすべきだ。

（聞き手・井艸恵美）

ブローハン聡（ぶろーはん・さとし）

１９９２年東京都生まれ。「青少年自助自立支援機構」（コンパスナビ）職員。児童養護施設出身者として講演や支援活動をする。フリーでタレント、モデルとしても活動。

【独自調査】月の残業100時間超も……

パンクする児童相談所

大幅な増員が計画される児童福祉司だが、児童相談所の現場の疲弊は深刻だ。

カメラのシャッター音の中、児童相談所（児相）の所長が深々と頭を下げる。虐待による死亡事件が起こるたびに、真っ先に非難の矛先は児相に向かう。しかし個々の児相を責めるのは酷かもしれない。最前線を担う児童福祉司の人手不足により、児相の体制自体がもはや限界を迎えているからだ。

児童福祉司は虐待の通告が入れば駆けつけたり、一時保護をしたりと、直接子どもや親と関わる責任の重い仕事で、社会福祉士などの一定の条件を満たした地方公務員が任用される。人手不足とされる理由は、担当する虐待対応件数の多さにある。日本では1人平均41件（2018年時点）と、米国の平均約20件の倍に上る。急増する虐待対応件数に対して、児童福祉司の増員が追いついていない。

相次ぐ虐待死事件を受けて2016年、国は児童福祉司を19年度までに約550人増やす施策を打ち出した。その後、18年の目黒虐待死事件を受け目標増員数を上げ、22年度までに約2000人増の計画だ。

■ 多岐にわたる児童相談所の業務

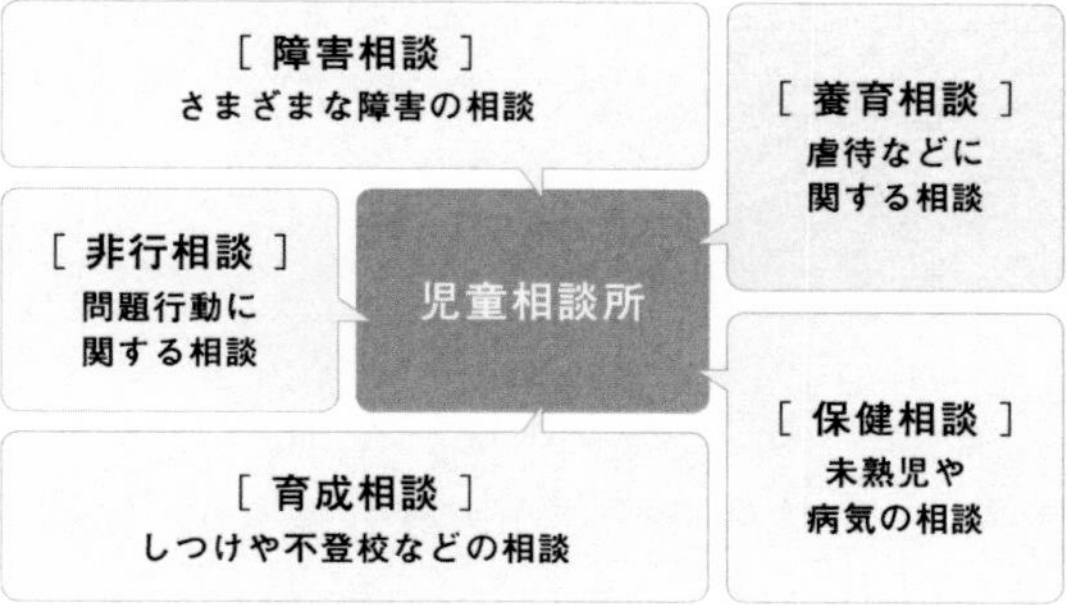

■ 急増する通告に追いつかず
—児童福祉司の人数と虐待対応件数の推移—

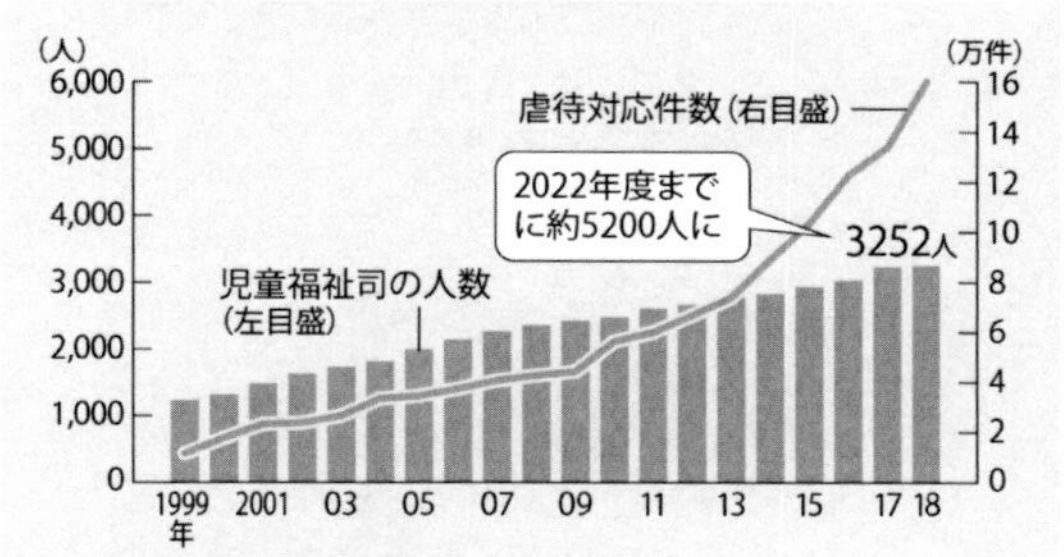

(出所)厚生労働省「児童相談所関連データ」

有給休暇の取得ゼロも

増員計画は進むものの、現場で働く職員の労働環境は明らかになっていない。そこで、本誌は2018年時点で児相を設置する全国69の自治体に対し、児童福祉司の時間外労働時間や有給休暇の取得状況について調査を行った。調査結果は次表のとおり。加えて厚労省の公表資料から算出した1人当たりの虐待対応件数と、自治体職員の採用区分が福祉職の割合を示した。

児童福祉司の労働環境

―2018年の残業時間と有給休暇取得日数―

(注) 児童福祉司に管理職を含む自治体もある。栃木県、大阪府は児童福祉司以外の職員を含む。東京都の時間外労働時間の最大は個別集計なし。神奈川は福祉職職員

【作成方法】

児童相談所を設置する全自治体に調査を行い、期限までに回答があったものを掲載。1人当たりのケース数と福祉専門職の割合は、厚生労働省の資料を基に算出した。月の時間外労働時間の平均は年間の平均時間外労働時間を12カ月で割った数値、最大は年間の平均時間外労働時間の最大値を12カ月で割った数値の小数点以下第2位を四捨五入。1人当たりのケース数は、各自治体の虐待対応件数を児童福祉司数で割った数値。

自治体名	月の時間外労働時間(時間)		年間の有給休暇取得(日)		1人当たりのケース数(件)	福祉専門職の割合(%)
	平均	最大	平均	最小		
北海道	15.3	34.7	9.0	0.2	46	58.4
青森県	11.9	38.5	13.5	1.0	29	39.1
岩手県	23.0	64.7	14.0	4.2	32	86.0
宮城県	12.6	37.8	10.0	4.0	28	56.3
秋田県	15.2	44.0	15.1	2.0	18	0
山形県	15.7	42.4	12.5	1.7	16	92.9
福島県	28.9	58.7	8.7	0	34	90.0
茨城県	9.0	58.2	—	0	43	72.0
栃木県	15.8	—	10.2	—	34	55.3
群馬県	16.4	—	13.6	0	31	30.8
埼玉県	23.3	59.4	11.3	0	71	95.6
千葉県	23.5	—	17.3	—	52	100
東京都	14.9	60.0〜66.7	—	—	64	86.5
神奈川県	22.5	86.0	9.7	1.0	60	100
新潟県	39.8	67.6	8.2	0.6	46	100
富山県	22.8	—	3.0	—	40	100
石川県	15.6	32.8	8.1	0.1	31	100

自治体名	月の時間外労働時間（時間）		年間の有給休暇取得（日）		1人当たりのケース数（件）	福祉専門職の割合（%）
	平均	最大	平均	最小		
福井県	24.0	39.6	7.8	2.0	38	100
山梨県	14.6	27.2	13.4	6.0	39	100
長野県	15.3	38.2	10.6	1.1	46	98.2
岐阜県	30.7	53.7	16.5	1.0	28	81.8
静岡県	33.8	63.8	12.9	3.1	32	70.7
愛知県	22.6	51.1	14.0	—	35	97.8
三重県	47.3		14.5	5.5	49	45.6
滋賀県	40.7	70.6	13.2	5.4	41	77.3
京都府	42.3	74.8	15.3	2.8	52	89.4
大阪府	29.5	—	—	—	69	100
兵庫県	15.8	36.3	11.8	2.0	48	68.3
奈良県	14.5	38.2	14.2	1.3	59	58.1
和歌山県	29.0	74.8	10.8	1.0	44	93.8
鳥取県	38.0	56.9	11.6	3.2	4	100
島根県	37.4	61.4	10.5	3.1	12	88.5
岡山県	25.7	73.5	10.0	0	20	97.2
広島県	17.4	34.1	12.8	1.0	47	68.6
山口県	28.9	54.0	15.3	4.3	20	42.1
徳島県	46.8	86.4	10.5	2.0	32	52.0
香川県	44.5	84.3	7.0	1.1	55	97.3
愛媛県	34.3	70.2	10.2	1.0	26	45.7
高知県	29.5	45.3	11.2	3.1	14	93.3
福岡県	19.1	45.8	10.5	0.2	47	57.5
佐賀県	18.7	40.5	16.0	7.3	16	36.3
長崎県	24.8	72.4	9.6	2.3	31	88.6
熊本県	27.2	54.8	8.5	1.3	27	31.0

自治体名	月の時間外労働時間（時間）		年間の有給休暇取得（日）		1人当たりのケース数（件）	福祉専門職の割合（%）
	平均	最大	平均	最小		
大分県	30.4	—	13.3	—	60	14.3
宮崎県	28.8	62.3	11.5	1.6	48	72.4
鹿児島県	29.0	55.8	12.1	1.0	31	14.3
沖縄県	16.1	59.9	32.2	9.2	22	100
札幌市	19.8	49.9	13.6	2.6	48	94.9
仙台市	31.1	52.8	11.5	2.0	39	74.1
さいたま市	52.4	86.8	13.2	2.1	82	83.7
千葉市	13.5	121.0	15.1	—	61	79.3
横浜市	41.4	81.1	8.5	0.9	59	100
川崎市	41.4	86.9	11.4	0.3	50	95.2
相模原市	31.8	36.0	12.0	3.0	55	93.3
新潟市	27.2	48.5	16.3	4.0	40	86.4
静岡市	29.5	51.4	11.3	3.2	36	28.6
浜松市	26.1	40.8	6.4	0.8	23	3.8
名古屋市	51.4	94.3	12.7	0	33	0
京都市	38.8	—	18.3	2.1	29	65.5
大阪市	27.0	74.4	15.5	0	69	95.5
堺市	36.6	—	12.6	—	56	92.7
神戸市	36.3	72.5	15.0	0.6	49	97.5
岡山市	33.3	—	11.8	—	20	60.9
広島市	25.5	—	11.1	—	66	66.7
北九州市	30.6	49.7	19.1	3.0	59	20.0
福岡市	22.5	48.5	13.0	1.0	53	84.6
熊本市	44.7	67.8	9.3	1.0	34	71.0
横須賀市	18.0	36.0	14.0	3.0	47	66.7
金沢市	23.5	30.9	11.1	0.3	37	7.1

地方公務員の平均時間外労働時間は月13・2時間、年次有給休暇の平均取得日数は11・5日だ（17年の総務省調査）。単純比較はできないが、時間外労働時間は地方公務員の平均よりも上回る自治体が目立つ。中には最大値が過労死ラインとされる、月80時間を超える自治体もあった。

有給休暇の取得は地方公務員の平均並みか平均を上回る自治体が多いが、最も少なかった人が0日という回答が7自治体からあった。

増員で労働環境は改善されたのか。時間外労働時間の最大が月80時間を超えていた徳島県は、「相談件数が増え続け、18年にピークを迎えた。人数が増えても時間外労働時間も増えている」と話す。

そもそも児童福祉司は9時から5時の勤務体制が取りにくい。日中、仕事や学校に行っている親や子どもに会えるのは、夕方以降になる。家庭訪問を終わらせ、夜は報告書などの書類作成に追われる。さらに勤務時間が長くなる最大の理由は緊急対応だ。通告から48時間以内に子どもの安全確認をしなければならないため、夜間、土日問わず対応することになる。

時間外労働時間の最大が80時間を超えるさいたま市の担当者は「通告への安全確認など次の緊急対応に追われてしまい、アフターフォローのための支援時間が十分に取れないこともある」と話す。同90時間を超えた名古屋市の担当者は「最も残業時間が多い職員は、緊急対応に特化した介入担当の職員だ」と話す。名古屋市では、緊急対応をする介入担当の職員と、その後のフォローをする支援担当の職員を分け、前者は通告があれば対応しなければならない。

2019年改正された児童虐待防止法では、介入と支援の職員を分けることが定められたが、介入担当者への業務過多が懸念され、「職員数が少ない児相では担当を分けるのは不可能」（徳島県）という声も上がっている。

中堅職員に負荷が集中

名古屋市では24時間、正職員の宿直担当が通告に対応しているが、他の自治体では夜間や土日は、当番職員が携帯電話を持って緊急時に対応するという児相も多い。

しかし、こうした当番での待機時間は勤務時間には含まれない。「自宅や外で過ごしていても自由に使えない時間。本来なら勤務時間として認められるべきだ」と公務員の労働問題に詳しい岡田俊宏弁護士は話す。児相は地方公務員の中でも消防署、警察署などと同様に、時間外労働をさせるのに労使間の「三六協定」を結ばなくてもよい例外的な職場だ。19年4月に施行された働き方改革関連法では、時間外労働の上限を原則月45時間とすることが定められたが、児相にはこうした規制が及ばない。

児童福祉司への負担は勤務時間の長さだけではない。親と対立して子どもを保護するときには、怒鳴られたり軽度の暴力を受けたりすることがある。こうしたストレスから、やる気があっても燃え尽きてしまい、突然離職する職員もいるという。

「虐待を見抜き、親を説得できるようになるには10年かかる。ケースワークは高度な専門性が問われ、やみくもにやっているとストレスがかかる」と、長年勤務経験がある東京通信大学の才村純教授は話す。

しかし、急速な増員で職場には経験の浅い職員が増えている。18年の筑波大学の調査によると、経験年数3年未満の職員が5割を超え、1年未満も2割を占めている。「中堅職員が面接同席や訪問同行など職員育成に力を入れざるをえず、業務負荷が集中している」（さいたま市）。

■ 経験3年未満が5割以上
―児童福祉司の経験年数―

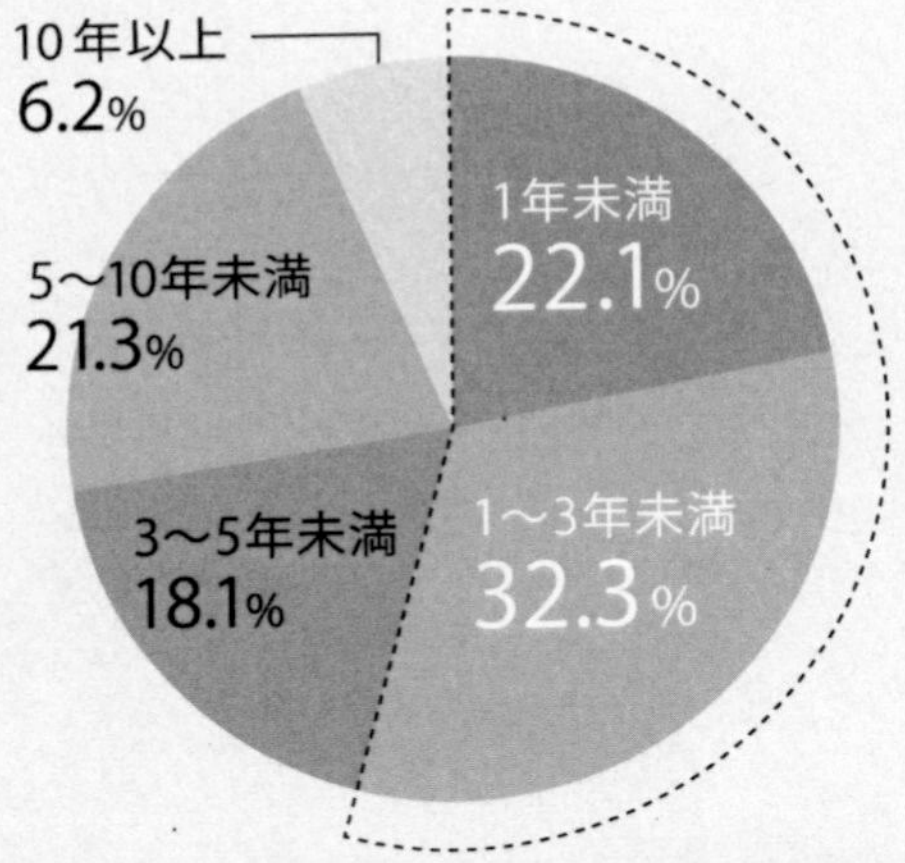

（出所）2018年度筑波大学「児童相談所の実態に関する調査」

児相は自治体の組織の1つなので、2～3年での異動が多く専門性が育ちにくい。児童福祉司は採用区分で福祉職採用の職員と一般行政職の職員がいるが、一般行政職の場合、畑違いの職場からいきなり児相に配置されることになる。こうした現状に才村教授は、「専門性がない人材を採用しても、トレーニングに時間を取られてケース対応がおろそかになれば本末転倒だ。児童福祉司像を明確にし、どのような人材を育成・任用すべきか指針を示すべきだ」と語る。また児童福祉司の育成に携わる明星大学の川松亮教授は、「児相の業務は多岐にわたる。児相が本来支援する業務と他機関ができる業務を整理し、虐待などの重篤なケースに注力すべきだ」と話す。

専門性を高めるため、児童福祉司の国家資格化を検討する議論も進んでいる。確かに数と質の両立は容易ではないが、失われる子どもの命は人材が育つのを待ってはくれない。

（井艸恵美、辻　麻梨子）

米国やフランスで実践
虐待の連鎖を食い止める　介入と支援の役割分担

児童相談所（児相）は、虐待の現場で子どもを一時保護する「介入」と、家庭環境を改善する「支援」という2つの役割を求められる。しかし親の同意なく子どもを保護しようとすると、親からの反発を招きやすく、家庭への支援も同時に行うことは難しい。実際に「介入と支援を同じ機関が担うのは問題」という意見は根強い。

中でも困難なのは、子どもを児童養護施設や里親など家庭外に委託するケース。親の同意が得られなければ、家庭裁判所に申し立てるなど複雑な手続きが求められる。それを避け、同意を得ようと親との関係性に配慮すれば、子どもの保護に消極的になることもある。結果として介入が遅れ、幼い命が失われるという事件が後を絶たない。

こうした問題を受けて、19年6月成立の改正児童福祉法には、介入と支援の担当ケースワーカーを分けるべきだとの旨が盛り込まれた。しかし役割を分担するには担当者間の引き継ぎや、保護者との関係性を作り直すことが必要で、現場からは「すぐには踏み切れない」との声も上がっている。現状でも役割を分担している児相はあるが、厚生労働省の調べ（２０１５年）では2割にとどまる。

仕組みを見直した米国

虐待対応について海外事例を基に研究する神戸女子短期大学の畠山由佳子・准教授によると、海外では介入と支援の役割分担が実践されている。例えば米国の一部の州が導入するのが「ディファレンシャルレスポンス（ＤＲ）」と呼ばれる区分対応システムだ。

そこでは虐待の目撃者はまず、州などの児童虐待専用ホットラインに通告する。ホットラインの担当者は緊急度や危険度に応じ、介入が必要と判断すれば、日本の児相に当たる「ＣＰＳ（Child Pro - tective Services ＝ 児童保護サービス）」などへ、支援が必要な場合は郡や市などの自治体へと対応を振り分ける。

ＣＰＳは一時保護などの介入前に、虐待の有無を確かめるための立ち入り調査を行う。調査の結果、虐待があると認定されれば、子どもを保護し加害者の記録をデータベースに残す。

一方の郡や市では福祉課などが、子どもを含む家族の関係改善を支援したり、経済的な支援を施したりする。途中で危険が発覚すれば、ＣＰＳによる対応へと切り替えることもある。

米国もかつては介入と支援を分けていなかった。しかしその結果として保護ばかりに人や時間が投入され、すぐに危険とはいえなくても、支援が必要な子どものケースが見落とされてきた。そうした反省から生まれた分担の仕組みは、米国以外にフランスでも実践されている。

日本では児相が両方の役割を担いつつも、実際には介入を強化してきた経緯があり、現状では支援が後回しになりがちだ。

畠山准教授は「虐待を予防するという観点から、社会の責任として家庭の養育機能を底上げする支援も必要」と語る。

政府は22年度までに児童福祉司を大幅に増員するなど、児相の体制強化を発表した。小手先の改善策ではない、システムの再構築が求められている。

（辻　麻梨子）

■ **役割を分けて子どもの虐待を防ぐ**
―米国の児童虐待通告の対応の流れ―

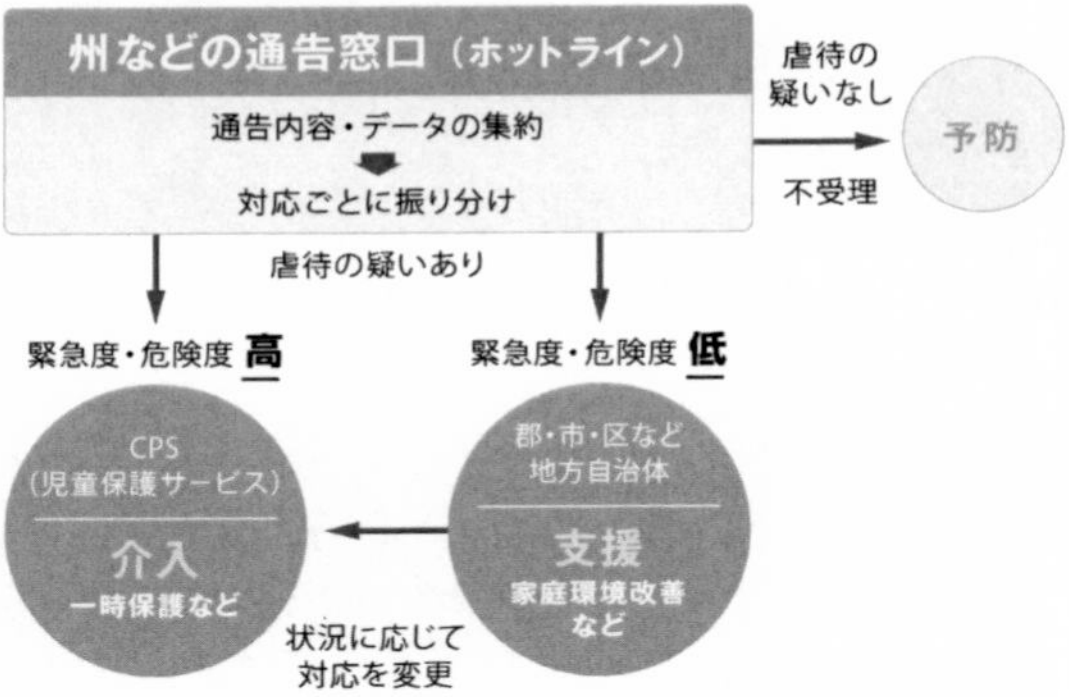

（注）州ごとに具体的なルールは異なる　（出所）畠山由佳子（2018）「子ども虐待と家族支援ー日・米・仏の3か国での比較研究をもとに考える」『ソーシャルワーク研究』Vol.43　No.4を基に本誌作成

民間〝ハブ拠点〟の存在意義

密室で行われる虐待。子の声を拾うには児相、警察、病院、民間の連携が不可欠だ。

子どもを一時保護したのに、なぜ家に戻したのか。なぜ親を逮捕したのに不起訴にしたのか——。相次ぐ虐待死事件では、「ここぞ」という場面で結果的に児童相談所や警察、検察が子を救うための判断を行えていなかったことに批判が集まる。

虐待は家の中という密室で起こる。そのため、児相が子どもを保護し、児童養護施設へ入所させる措置を行ったり、警察や検察が虐待事件を立証したりするために必要な情報を入手するハードルは高い。

措置や立証の根拠として重要になるのは、子ども自身の証言だ。しかし子どもから正確な情報を得るのは難しい。子どもは親を守ろうとする傾向があり、被害をなかなか話そうとしないからだ。さらに児相や警察、検察などがさまざまな角度から質問を浴びせることで、記憶があいまいになることもある。話の内容が変わっていけば、証言の信用性も低くなる。

そうした状況を避けるために近年、導入が進んでいるのが関係機関で協同して行う「司法面接」だ。それぞれの機関で何度も行っていた面接を一度に行い、繰り返し聞かれることによる証言の変化を防ぐ。

被害を正確に聞き取る

2015年、厚生労働省は司法面接導入に向け、児相と警察、検察の連携を強化するよう自治体に通知を出した。しかし、いまだに虐待事件が絶えないのは連携に不十分な点があるからだ。

独立した行政機関が連携するには、中核となる機関が必要だが、「本来ハブになるべき児相は、警察や検察、医療機関に比べて力が弱い」と長年、検事として虐待事件を担当してきた酒井邦彦弁護士は指摘する。警察や検察の主眼は捜査や加害者の処罰にあるため、子どもの擁護の視点が欠けがちだ。

そこで多機関連携の中核として注目されるのが、子どもの擁護に特化したNPO法人などの専門機関の存在である。

司法面接を実施する専門の面接者を育成しているのが、認定NPO法人「チャイルドファーストジャパン」だ。2015年から警察や検察の委託を受け、自ら司法面接も実施している。

子どもの面接は面接者1人で行う。面接室に備えたカメラを通し、別室で警察や児相、検察などの担当者が観察する。聞き漏らしがあればその場で面接者に指示をする。面接の映像は裁判の証拠にもなる。

「子どもは『話したら親はどうなってしまうのか』という不安と、誰かに知ってほしいという気持ちの間で揺れている」と同法人理事長の山田不二子医師は話す。児童心理に精通した面接者が丁寧に話を聞くことで、誘導せずに被害の状況を具体的に聞き出していく。

同法人の司法面接には検察や警察だけでなく、医師も関わるのが特徴だ。診療所が併設されており、司法面接後に面接を観察していた医師が被害児の診察を行う。「系統的全身診察」と呼ばれる専門的な手法で、体のすべての箇所を丁寧に診ていく。「事故に遭ったことはないか」「痛いことをされたことはないか」などと問診しながら、傷やあざなどの外傷を確認し、性器や肛門も診察する。

司法面接と全身診察を同時に行う体制は、とくに性的虐待の発見に有効だ。加害者の大多数は親や兄弟などの身近な人間。幼い頃から被害児を手なずけて行為をエスカレートさせていくため、被害児が告白できない状況に陥りやすい。安心して話せる場がなく、告白できても児相や医療機関は関与できていないのが現状だ。

司法面接では性的虐待を告白しなかった子どもでも、診察中に話し出すことがあるという。

「性的虐待を受けた子どもは、自分の体が傷ついているのではないかと心配している。診察して『何もなかったよ』と伝えると、ほっとして被害について話し出すことがある」（山田医師）

■ 発見されにくい性的虐待

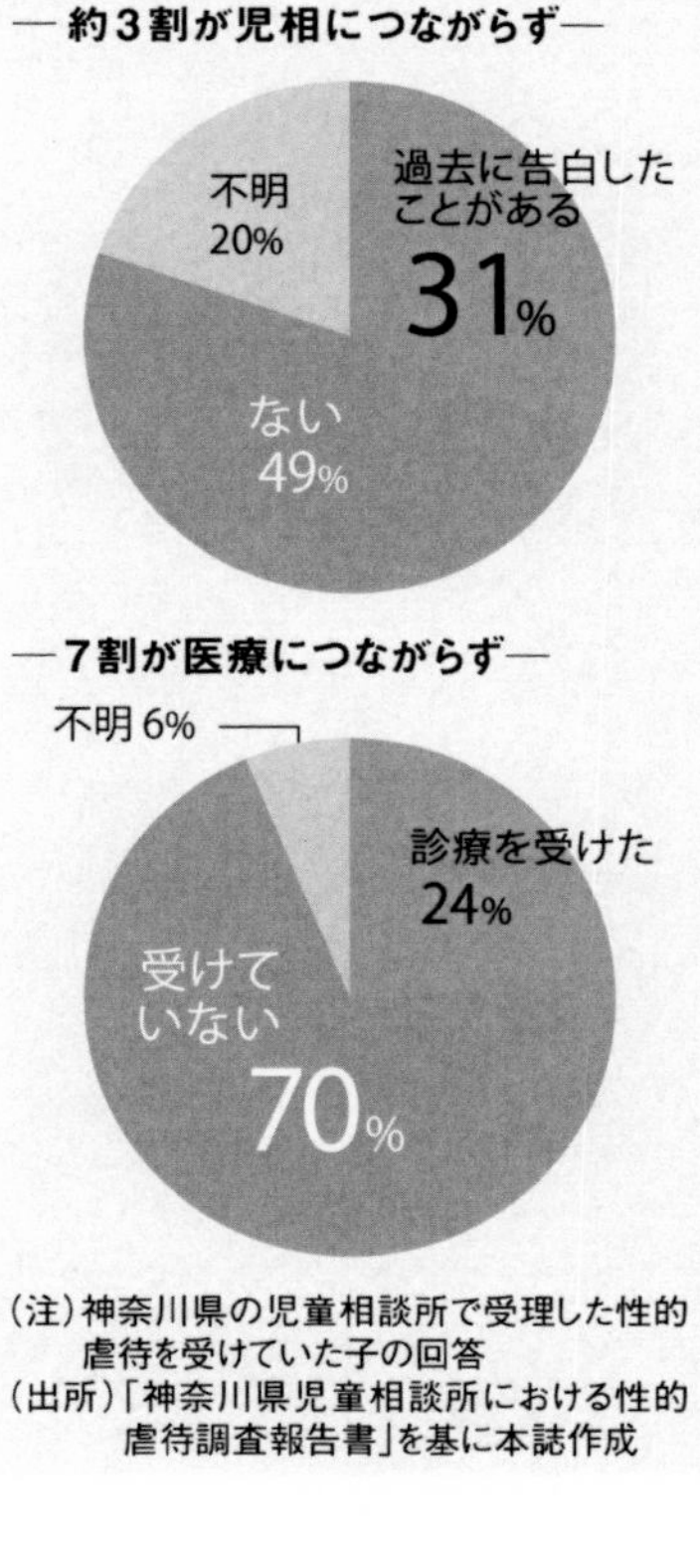

（注）神奈川県の児童相談所で受理した性的虐待を受けていた子の回答
（出所）「神奈川県児童相談所における性的虐待調査報告書」を基に本誌作成

医療機関が連携のハブに

2019年4月に設立されたNPO法人「神奈川子ども支援センターつなっぐ」も、県立こども医療センター（横浜市）内で司法面接と診察の一元化を目指す。医療機関内で行う理由は、虐待が発見された後の司法面接と診察だけでなく、発見前の通告段階から医療機関が関与することを狙っているからだ。

長年同院で被害児の診察をしてきた同法人理事の田上幸治医師は、「顔が見える連携が重要」と話す。同院では虐待対応チームを設け、定期的に検察や児相と死亡事例の検討会を開いている。虐待が疑われる子どもが来たときは、通告前の段階で児相や警察と議論したうえで通告を判断する。

「病院は中立的な立場で虐待の有無を判断できる。虐待が疑われるときは、検査目的で入院してもらうなど保護もしやすい。医療機関は多機関連携のハブになるだろう」（田上医師）

米国では、こうした司法面接と診察をワンストップで行うNPO「子ども擁護センター」（ＣＡＣ）が、８８１施設（１８年時点）存在する。例えばオレゴン州では８９年にＣＡＣと捜査機関、児相などの多職種連携チームの設置が義務づけられた。国の基金で運営されるＣＡＣには医師や司法面接をする面接者が常駐。多職種連携チームの中核機関として機能している。

だが日本では、こうしたＮＰＯ活動は始まったばかり。いまだに〝児相頼み〟の状況が続いている。１９年6月に成立した改正児童虐待防止法では、医療や司法との連携強化がうたわれ、児相に医師と弁護士の配置が義務づけられた。しかし児相は、人手不足や業務過多に陥っている。〝ハブ〟の役割を担うには、ほかの関係機関と比べて力不足でもある。

こうした状況を看過すれば、名ばかりの連携だけが続くだろう。効果的な連携には、子どもの擁護に特化した中立機関の設立を制度化する必要がある。

独立機関が声を聞く

司法面接におけるＮＰＯのように、独立した機関が子どもの声を聞く仕組みは、子どもが保護されて一時保護所や児童養護施設に入った段階でも求められている。子どもは保護後も立場が弱く、自分の意見を伝えるのが難しいからだ。

施設は外部からの目が入りにくく、施設内でトラブルが起こっても、子どもからの助けを求める手段がない。施設入所後も子どもには児相の児童福祉司がついて定期的に面談を行うが、ときに施設側の立場に理解を示し、子どもの要望が施設側へ通りにくいことがある。

こうした問題を解決するため、英国やカナダでは、子どもの声を第三者が聞く取り組みとして「アドボケイト」（代弁）という機能が制度化されている。例えば英国では、児相や施設とは別のＮＰＯに行政が委託し、施設への訪問を行っている。

日本でも改正児童虐待防止法で、子どもの意見表明を保障する仕組みが検討されることになったが、制度化への道筋はまだ見えない。１７年から児童養護施設でアドボケイト活動を実施する大分大学の栄留里美助教は、「児童福祉司は親や関係機関の話も聞くため、子ども側のみに立ちきれないことがある」と話す。施設入所か家に戻るかが検討される一時保護所の段階でも、子どもの意見を代弁する仕組みが求められる。子どもの擁護に特化した新たな機関を設ければ、埋もれた子どもの声を拾い上げる一助になるはずだ。

（井艸恵美）

虐待を引き起こすDV　親の支援も急務

児童虐待の背景には、夫婦や交際相手の間で起こるＤＶ（家庭内暴力）もある。そのためＤＶ防止への支援も虐待解決のカギになる。

３０年以上にわたり夫からの暴言や人格否定などの精神的なＤＶに苦しんできた６０代女性は、「夫から『子どもは母親次第』と言われ、そのプレッシャーから子どもにきつく当たったり、手を上げたりした。当時は『夫を怒らせないように』としか考えられなかった」と悔やむ。

ＤＶ被害者の支援団体「エープラス」の吉祥眞佐緒代表は、「ＤＶ被害者の女性は自分の身を守るため、子どもを身代わりにしてしまうことも多い」と指摘する。

２００４年の児童虐待防止法改正で、子どもの目の前で行われるＤＶ（面前ＤＶ）が「心理的虐待」に含まれ、児相への通告が義務化された。しかし通告件数は増えても、ＤＶ被害者支援が行き届いているとは言いがたい。ある児相職員は「面前ＤＶによる通告は単なる夫婦げんかと取ることもでき、緊急性が低い。被害者が助けを求めない限り何もできない」と漏らす。

「ＤＶの構造が理解されていない。被害者は夫と別れるのに何年もの時間を要する。行政のＤＶ支援はシェルターでの保護など、離婚決意後が前提だが、実際には夫の支配から逃れて別れる決断に至るまでの支援が必要だ」（吉祥代表）

ＤＶ防止の支援実施には、被害者支援に長けた民間団体と行政が協力することが求められる。

模索と実践　大阪・西成の児童虐待防止策

大阪市西成区のあいりん地区（釜ヶ崎）。西日本で最大の労働者の街だ。ランドセルを背負った子どもたちが、ある施設に駆け込んでいく。「ただいま！」。甲高い声が響き渡るとスタッフは返した。「おかえり！」。

認定NPO法人「こどもの里」は、あいりん地区の中心地にある。覚えたてのギターを弾いてみせる子、ボールとバットで野球をする子。子どもが思い思いの時間を過ごせるこの施設は、誰でも無料で利用できる。約100人の児童が登録しているが、利用者は200人近い。遊び場、行き場であるとともに緊急一時保護を含め宿泊、長期滞在も可能だ。

1人、スタッフの背中にピタッと張り付いて離れようとしない子がいた。話しかけても反応が薄い。スタッフによれば「ある事情で親と一緒に暮らせなくなり、最近ここで生活を始めた」という。利用者の約4割が生活保護を受給する家庭の子だ。貧困、親や親の交際相手から受ける暴力、薬物やギャンブル依存など、こどもの里を「居場所」にしている子どもたちの背後にはさまざまな事情が見え隠れする。

だからこそ、だろう。西成区は子どもの命と健康をどうすれば守れるか、地域を挙げて模索を続けてきた。

虐待を未然に防ぐ

1961年に起きた第1次釜ヶ崎暴動では200人の不就学児が労働者たちに交じって抗議行動に参加した。その中には戸籍や出生証明すらない子がいたとされる。95年には民間の組織「あいりん子ども連絡会」が発足。貧困状態に置かれた子どもについて、月に1回集まり「ケース会議」が開かれるようになる。

2000年には役所、子育てサークル、施設など38（現在76）団体が参画する

「わが町にしなり子育てネット」が誕生した。子どもの貧困や虐待を「一家庭内の問題」に押しやらず、地域の課題として対応していく方針と土台が築かれた。２００５年には、区内の6中学校区ごとに「地域別ケア会議」が設置される。

「不安でいっぱい」「怒りがいっぱい」など、日常の中で子どもが発する小さな信号は、子どもが抱えるしんどさを示すが、それを行政機関である児童相談所（児相）や警察はなかなか拾えない。西成は異変がある子どもがいれば、地域の「目」で発見しようと努力してきた。西成のネットワークづくりに携わってきた、こどもの里の荘保共子館長は「大切なのは地域のつながり。地域の連携がなければ、困窮した子どもの状態を正確に把握できない」と指摘する。

西成区のケア会議には保育園や学校（小中高）に加え医療機関、民生委員、子ども家庭支援員、こどもの里のようなＮＰＯ、子ども食堂まで数十機関が参加し、地域ごと、個別事案ごとに対応策を協議してきた。会議の事務局を担うのは西成区の地域福祉・子育て支援室だが、重要なポイントは、このケア会議に児相の職員が加わっていることだ。

5歳女児が虐待死した東京都目黒区の事件や小学4年生女児が被害者となった千葉県野田市の虐待死事件では、一度は保護した女児を親元に戻してしまった児相の判断に非難が集中した。そして同時に浮かび上がったのは、断片的な情報だけで判断せざるをえない児相職員の現実だ。月に一度、対象地域の子どものさまざまな日常情報を把握できる西成区内の児相とは、同じ児相でも入ってくる情報の質が大きく異なる。判断の質が異なってくるのも道理だ。

ここ10年、児童虐待相談件数が大阪市や全国で上昇傾向にあるにもかかわらず西成区は低水準を維持できているのは、児相を含めた地域連携の抑止効果のためだろう。

親の回復プログラムも

西成区の虐待相談件数が低水準を保っているもう1つの要因として、大阪府や市が親の回復プログラム「MY TREEペアレンツ・プログラム」を西成で実践していることも挙げられる。

このプログラムは週に1回2時間、グループセッションや個人セッションを通じて、虐待に至ってしまった自己の内面を掘り下げ、セルフケアにつなげていく試みだ。虐待する親は、経済苦をはじめPTSD（心的外傷後ストレス障害）やうつ病などの精神疾患、配偶者からの暴力、健康不安など多重のストレッサーを抱えているケースが多い。『虐待・親にもケアを』の編著者でMY TREEペアレンツ・プログラム主宰者の森田ゆり氏は、「虐待を防止するには、虐待に至った親たちの苦悩を受け止めることが必要だ」と語る。

森田氏は、目黒区と野田市の事件に「再虐待事件」という共通項を見いだす。児相が一度は保護しながら、親元に戻してしまったことで再び虐待が始まり事件が起きたという意味だ。「児相は長期間、子どもを保護し続けることはできない。かといって回復できていない親の元へ戻せば虐待は繰り返される可能性が高い。子を親元へ戻す前に、司法（家庭裁判所）が親に対して虐待的言動を止めるためのプログラム受講を言い渡す法制度が必要だ」と説く。

政府は児童虐待防止策として児相の権限拡充や警察との連携強化を掲げる。いずれも必要な措置ではあるが、起きている虐待をどう取り締まるかという視点だけでは不十分だ。「虐待に至らせない」ためには何ができるのか、模索と実践を重ねてきた西成から学べることは多い。

（野中大樹）

“薬漬け”　児童養護施設の現実

「児童養護施設で薬を飲んでいた6年間、中でも中学校時代の3年間はとにかく体がだるくて、登校しても教室ではずっと寝ているような状態だった」。現在、高校2年生の女性（16）はそう振り返る。

女性は7年前の春、父親から虐待を受け、児童相談所での一時保護を経て、神奈川県内にある児童養護施設に入所した。当時はまだ小学4年生で、突然親元から離された寂しさのために泣き暮らす毎日だった。

「この子、薬を飲んだほうがいいんじゃない」「ほかの子に影響を与えるといけないから、いったん薬を飲ませよう」。施設の職員たちがそう打ち合わせ、総合病院の精神科に連れていかれたことが、向精神薬の服用のきっかけだった。

診察した医師は彼女をＡＤＨＤ（注意欠陥・多動性障害）と診断。処方された向精神薬「コンサータ」の服用が始まった。しばらくして「ストラテラ」も追加された。朝6時半に起床すると毎日、職員にコンサータを飲まされた。「薬とコップの水を置くだけで自主性に任せてくれる人も中にはいたが、ほとんどの職員は無理やり起こして薬を飲ませれば任務完了、みたいな対応だった」。薬を飲み忘れて登校しようとしたら、自転車で追いかけられ飲まされたこともあったという。

下校して夕食前に服用するのがストラテラだった。「コンサータを朝飲んだ後はだるくて二度寝していたし、ストラテラを飲んだ後は幻覚と幻聴、そして被害妄想に悩まされた」と女性は話す。被害妄想で学校の友人との関係が悪化したと施設職員に相談すると、また精神科に連れていかれ、別の薬（「エビリファイ」）が処方されるようになった。その後も幻聴やいらつきが止まらないと訴えると、さらに追加で複数の漢方薬が出された。

「薬を飲み続けた結果、精神的にすごく疲れて、いつも情緒不安定だった」。女性は2018年、児童養護施設を退所し、父親とは別の男性と再婚した母親の元へ戻った。

現在、通信制高校に週2回登校し、アルバイトも始めている。自宅に戻ってからは薬をやめた。「断薬後はプラス思考になり、1人の時間を楽しめるようになった」と笑顔で話す。

3割が向精神薬を服用

児童養護施設は保護者のいない児童や虐待されている児童を入所させ養護する施設で、児童相談所の決定で入所が決まる。原則1歳から18歳までが対象で、全国605施設に約2万5000人が入所している。

厚生労働省の調査によれば、児童養護施設に入所している子どものうち約6割は虐待を受けた経験がある。また入所しているうち、障害のある子どもの割合は3割近くまで増加している。うち、先の女性のようなADHDと診断された子どもは、10年前と比べ約2・6倍に膨らんでいる。

「10年前は、ADHDと診断され向精神薬を服用していた子どもはせいぜい1～

2人だった。服薬が増えたのは6~7年前から。精神科の医師と連携を図るようになってからだろう」。都内で児童養護施設を運営する施設長は実情を語る。

現在、施設入所者約50人のうち約半数にADHDなどの発達障害や知的障害がある。また3割弱が向精神薬を服用しているという。「以前は児童の衝動的な暴力にも職員が対症療法で対応するしかなかった。医師との連携で選択肢が増えケアの質が高まった」と話す。

東北文教大学の吉田耕平講師の論文「体罰から向精神薬へ」(2019年)によれば、同氏が調査した児童養護施設では、17年時点で入所している子どもの34・3%がコンサータやストラテラなどの向精神薬を服用しており、診断名はADHDがほとんどだったという。先の都内の児童養護施設と、置かれた状況はかなり近い。

2007年に厚労省が行った全国調査では、児童養護施設に入所している子どもの向精神薬の服用率は3・4%なので、この10年で急増していることになる。嘱託医として精神科医が介入するようになり、児童養護施設の職員の間でADHDに関する認識が広がったことが一因とみられている。

医療経済研究機構が14年に発表した研究によれば、02〜04年と08〜10年を比較すると、13〜18歳ではADHD治療薬の処方割合は2・5倍増となった。また向精神薬の併用処方が高頻度で認められた。担当した奥村泰之氏（現・東京都医学総合研究所主席研究員）によると、精神疾患による未成年の受診者の増加、子どもの精神疾患に対応できる医師や医療施設の増加、新薬承認の影響が要因だとされる。

もちろん、医療につながることで薬物療法により情緒や生活の安定が図られるメリットは大きい。しかし他方で子どもたちの問題行動を抑制するための手段として安易に用いられるのだとしたら、人権侵害につながりかねない。とりわけ施設においては、その力関係から子ども本人の意に反しての強要が起こりやすいためだ。

「私語厳禁で、食事中にほかの子と目が合っただけで怒鳴られた。まるで刑務所のようだった」。児相の一時保護所に入った経験のある女性（25）は当時の状況を語る。

一時保護所は冒頭の16歳の女性も利用した、虐待などを理由に児相に保護された子どもが最初に身を寄せる施設だ。「携帯電話や財布、私服はすべて没収された。学校は無断欠席扱いにされ、脱走したら警察に通報すると誓約書まで書かされた。職員はとにかく高圧的、支配的だった」。女性は結局、虐待された家庭へと戻る道を選んだ。

こうした環境下で、施設職員が求める向精神薬の服用を断る選択肢が子どもたちにあるだろうか。

子どもの権利条約の制定に伴い、体罰の禁止や児童虐待の防止への社会的関心は高まった。だが、施設における子どもの問題行動への対処が、単に向精神薬など薬物療法に切り替わっただけなのだとしたら、問題の本質は何ら変わっていない。

（風間直樹）

保育園の重大事故から子どもを守る

幼児教育・保育の無償化が2019年10月から始まった。年約8000億円の予算が投じられ、所得制限なく3歳から5歳の子の保育園や幼稚園の保育料が無料となる。

無償化は「認可保育所」や「幼保連携型認定こども園」などに加え、「認可外保育施設」なども対象になる。国は認可外施設について、保育士の配置や保育室の面積などの指導監督基準を設けている。ただ認可保育所では原則全員が保育士資格を持つのに対し、認可外施設は3分の1以上が保育士であればよいなど基準は緩い。

今回の無償化はその緩い基準すら満たさない施設でも、経過措置として5年間は無償化の対象とされる。「これまで指導や処分の対象としてきた施設を無償化の対象としてしまっては、国が質の低い施設にお墨付きを与えることになりかねない」。保育事故の問題に詳しい寺町東子弁護士は懸念する。

保育園などで子どもが死亡したり、大ケガをしたりする重大事故が後を絶たない。2015年から法令上、事故報告が義務付けられたこともあるが、ここ数年、保育施設における重大事故件数は急増している。内閣府の調べによると、18年に全治30日以上の大ケガをした子どもは約1200人に上る。

この年の死亡事故は9件で、そのうち6件が認可外施設で起きている。2004年からの死亡事故報告件数の累計では、認可保育所が61件なのに対して、認可外施設は137件と倍以上だ。

■ 重大事故件数は右肩上がり
―保育施設における重大事故件数―

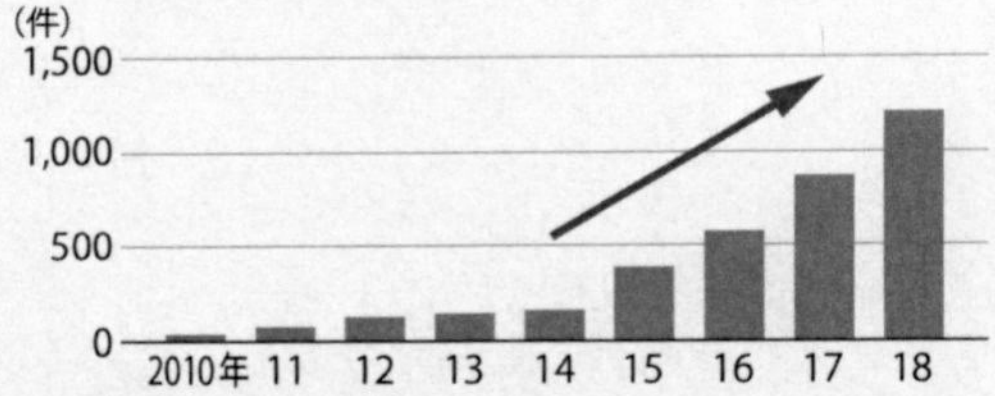

(注)重大事故とは治癒期間が30日以上の重篤な事故等。死亡は除く。2015年からは幼稚園、幼保連携型認定こども園、地域型保育事業、認可外保育施設を含む　(出所)内閣府子ども・子育て本部「教育・保育施設等における事故報告集計」

■ 認可外の死亡事故は認可の倍
―保育施設別の死亡事故報告件数―

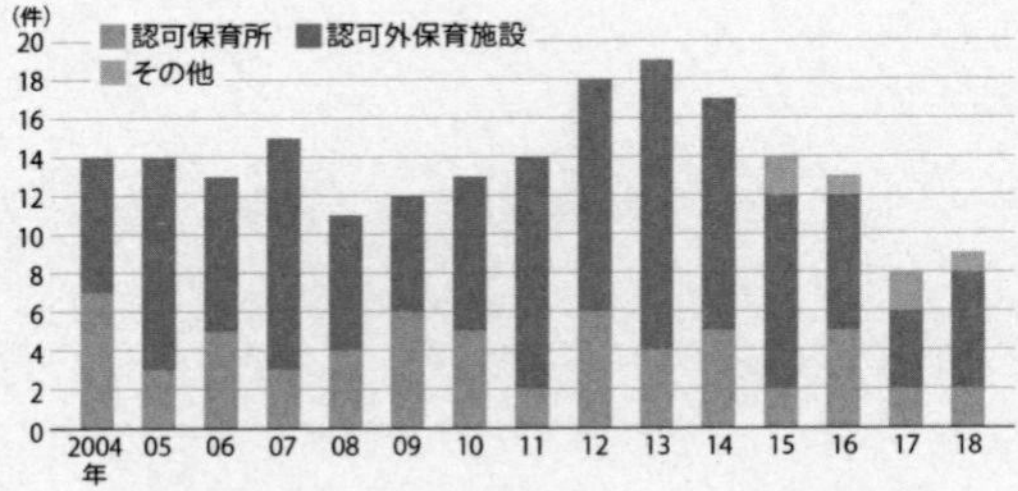

(注)その他は幼保連携型認定こども園、小規模保育事業、家庭的保育事業、病児保育事業のいずれか。2014年までは認可外保育施設と分けていない。
(出所)内閣府子ども・子育て本部「教育・保育施設等における事故報告集計」

パワハラとサービス残業が蔓延

　こうした重大事故が急増する背景の一つに、保育士の不足が挙げられる。待機児童の解消のため、政府は都市部を中心に保育園の整備を急ピッチで進めている。保育士の有効求人倍率は急上昇しており、開園数に対して保育士の確保が追いつかず、経験の浅い保育士が現場で責任を持たされている。

　疲弊する現場から離れていく保育士も多い。「保育士から寄せられる相談で多いのが、職場のパワーハラスメントとサービス残業の強要だ」。全国福祉保育労働組合の澤村直書記長はそう話す。ある20代の女性保育士は、園長、主任からの執拗なパワハラで体調を崩し、うつ病とパニック障害と診断されたという。

「役所からの天下りで現場を知らない園長がいて、気に入らないことがあると保育中でも呼び出し、怒鳴りつける。開園7年ですでに30人近くの保育士が辞めている」。40代の女性保育士は、以前働いていた都内の保育園の実情をそう語る。「17時になると一斉にタイムカードを切らされて、毎日のようにサービス残業をさせられてきた」（同）。

名城大学の蓑輪明子准教授らが18年公表した「愛知県保育労働実態調査」で、名古屋市内の認可保育所で働く保育士のサービス残業が月平均13時間に上ることがわかった。回答者の10%弱が月40時間以上の時間外労働をしており、最長だと月135時間に上った。

「調査結果はショックだった。保育士にちゃんと残業申請をするように伝えたことで実態がよくわかるようになった」。調査に協力した名古屋市内にある「とうえい保育園」の小西文代園長は振り返る。勤務時間内に事務仕事ができるよう時間を設けたり、夜に行っていた職員会議も日中に変更したりと、労働環境の改善に取り組むきっかけとなった。

「保育時間の延長や安全管理の徹底など、業務量は年々増えている。それなのに国が定める保育士配置基準は改善が進んでいない。保育士の待遇改善にはこの配置基準の引き上げが欠かせない」。東京・板橋区の「わかたけかなえ保育園」の山本慎介園長は訴える。国が定める認可施設基準では、1～2歳児で児童6人に保育士1人、4歳児以上だと児童30人に保育士1人が必要とされる。「1歳児6人に1人で対応するのは難しい」(山本園長)。

■ 安全を守るには保育士の配置が手薄

事故防止のための内閣府のガイドライン

1. 睡眠中の仰向け寝＋観察
2. 食べ物・玩具の誤嚥を予防
3. 水遊びには監視係を置く。置けないときはプール中止　など

内閣府「教育・保育施設等における事故防止及び事故発生時の対応のためのガイドライン」（2016年3月）より

↓ しかし

国の保育士配置基準では手薄

（認可施設基準　児童：保育士）

0歳児	3：1
1〜2歳児	6：1
3歳児	20：1
4〜5歳児	30：1

家庭内以上に予期せぬ突然の死亡が多く、誤嚥事故も多いが、6：1では子どもの手元、口元を観察しきれない

プール事故が多いが、配置基準が20：1、30：1では監視係を置くのは難しい

↓ だが

安全確保のために保育士配置を増やす（加配する）と1人当たりの給与は低下

（出所）寺町東子弁護士への取材を基に本誌作成

東京都などでは自治体独自の基準に応じた補助金がつくため、国の基準より上乗せして配置できる。わかたけかなえ保育園でも、各クラスで国の基準より1人ずつ増やして配置している。その結果、「残業しなくても業務をこなすことができ、余裕を持って子どもと向き合える。この数年、離職者はほとんどおらず、よいサイクルになっている」（山本園長）という。

しかし都のような手厚い補助は例外的で、多くの自治体は国基準での運営だ。内閣府は保育施設での相次ぐ事故を受け、事故防止のためのガイドラインを策定した。睡眠中の観察や食事中の誤嚥予防などだ。しかし、今の配置基準のままでは適切な対応は難しい。

「保育園を考える親の会」の普光院亜紀代表は、「本来無償化よりも、配置基準の改善を優先させるべき。他の先進諸国と比べても日本は最低水準だ」と話す。

保育現場の職員の疲弊は子どもの安全や命を脅かすことに直結する。人員配置の厚みを国が保証することは欠かせないはずだ。

（風間直樹）

「委託費弾力運用」の大罪

保育士　低賃金のカラクリ

ジャーナリスト・小林美希

「この保育園、いつか子どもが死ぬのではないか」

都内の認可保育園に3歳の息子を通わせている40代の女性は、仕事を辞めるべきかと真剣に悩んでいる。2019年の春、わずか1カ月の間に2度も子どもが保育園でケガをした。衣服に血がにじみ、大きな傷がひじやひざにあっても、お迎えのときに保育士からは一言の報告もなく、処置もされていなかった。事情を尋ねても、「見ていませんでした」と言うだけだ。

入園した当初、1歳児クラスの担任は2人とも新卒採用。すぐ担任が辞めて3人も入れ替わった。2歳児クラスになっても、毎日のように引っかき傷やたんこぶを作って帰ってきたが、保育士は決まって「見ていませんでした」と平然としている。入園してから1年半、子どもは登園を嫌がって毎日泣いた。

運営会社はこの5年ほどで急に保育園を増やし、東京近郊を中心に約20の園を運営する。園長の8割、保育士のほとんどが20代だ。

職業が保育園の園長でもあるこの女性は、本来なら20時までの延長保育を利用して働きたいところだが、「いつ事故が起きるかもしれないと思うと、1分でも長く預けたくない」と、16時半ごろに一度迎えに行きベビーシッターに預け、また職場に戻るという毎日を送る。自治体の窓口に転園希望を出したがかなわず、いよいよ仕事を辞めて幼稚園探しをするしかないと考えている。

待機児童解消が目玉政策となり急ピッチで保育園がつくられ、人材確保のため国を挙げての処遇改善も行われているが、その効果は限定的だ。低賃金、過重労働で離職が相次ぎ保育の質が問われる事態になっているのは、「委託費の弾力運用」と呼ばれる制度に問題があるからではないか。

認可保育園には毎月、市区町村を通して運営費用の「委託費」が支払われる。委託費は税金と保護者が払う保育料が原資となる。国の想定では委託費の8割が人件費とされ、残りが事業費（給食材料費、保育材料費など）と管理費（職員の福利厚生費や業務委託費、土地建物の賃借料など）となる。かつて「人件費分は人件費に」と厳しい使途制限がかけられていた。

もともと保育は公共性の高い事業のため、認可保育園は地方公共団体と社会福祉法人しか設置できなかったが、2000年に待機児童解消のため営利企業の参入が認められた。それと同時に、国の通知で「委託費の弾力運用」が認められ、使途制限が大幅に緩和されたのだ。規制緩和により、委託費は人件費や事業費、管理費の間だけでなく、同一法人が運営するほかの社会福祉の施設や事業にも流用できるようになり、年間の委託費収入から4分の1もの額の流用が可能になった。その結果、バケツの底抜け状態となり人件費が流出してしまったのだ。

企業は他施設に流用

国は毎年度、委託費の内訳として保育士の平均年収を通知で示している。17年度は全国平均で約384万円を想定。そこに処遇改善費が加わると理論上、経験7年以上の保育士であれば年収が約450万円となり、いわゆるサラリーマンの平均を上回る。東京都内では都のキャリアアップ補助金がつくため、経験7年以上で年収が約528万円になる計算だ。しかし、実際のところの年収は全国平均で約315万円、都内平均でも約382万円にとどまる。

■行政の想定に届かぬ保育士の賃金
—保育士の理論上の年収と実際の年収—

保育士の理論上の年収(2017年度)

国の想定	約384万円 (約379万円)	公定価格での全国平均
全国平均 (処遇改善費含む)	約402万円 (約390万円)	公定価格+処遇改善加算①
経験3年以上 (処遇改善費含む)	約408万円	公定価格+処遇改善加算① +処遇改善加算② (経験3年以上、月額5000円)
経験7年以上 (処遇改善費含む)	約450万円	公定価格+処遇改善加算① +処遇改善加算② (経験7年以上、月額4万円)
東京都で働く 経験7年以上 (処遇改善費含む)	約528万円	7年目+東京都のキャリアアップ補助金(月4万4000円)

▼

実際の年収

内閣府「幼稚園・保育所等の経営実態調査」 (2017年度、全国平均)	約315万円
厚生労働省 「賃金構造基本統計調査」 (17年、全国平均)	約326万円
〃(17年、東京都の平均)	約398万円
東京都「保育士等キャリアアップ補助金の 賃金改善実績報告等に係る集計結果」 (17年度、都内平均)	約382万円

(注)2017年度の調査などから計算。括弧内は16年度の賃金

保育士の賃金の実態をつかむため、筆者は東京都に情報開示請求を行い、都内の株式会社（NPO法人や学校法人を含む）の認可保育所411カ所の「保育士等キャリアアップ補助金の賃金改善実績報告書」（16年度）から、「教育・保育従事者の職員1人当たり賃金月額」を調べた。この賃金月額は賞与や処遇改善費を含んだ年間の賃金総額を12カ月で割ったものであることから、年換算したものをここでは「年収」と表記する。

報告書は「相違ないことを証明いたします」と代表者の署名・捺印が求められる公文書のため、原則、数字はそのまま表で使っているが、明らかな記載ミスのあった12カ所については各保育所に正確な数字を確認したうえで除外。年収を低い順から80カ所、高い順から15カ所を並べていくと、低い群には「あい保育園赤羽橋」（約202万円）、「同仁美登里保育園」（約215万円）、「グローバルキッズ後楽二丁目園」（約223万円）、「ほっぺるランド西神田」（約223万円）、「えがおの森保育園・かまた駅前」（約227万円）など、大手傘下の保育園が名を連ねた。

東京都の「保育士等キャリアアップ補助金の賃金改善実績報告等に係る集計結果」

（17年度）を見ると、人件費比率は社会福祉法人で70・5％、株式会社で51・9％と大差があり、株式会社は「人件費・事業費・管理費」以外の、積み立てや他施設への流用が顕著に多いことがわかる。16年度の財務諸表を独自に調べると、株式会社全体が得た収入566億円のうち2割弱に当たる99億円が人件費・事業費・管理費以外に計上されていることがわかった。

■ **資金流用が人件費を圧迫** ―経営形態別の費用構造―

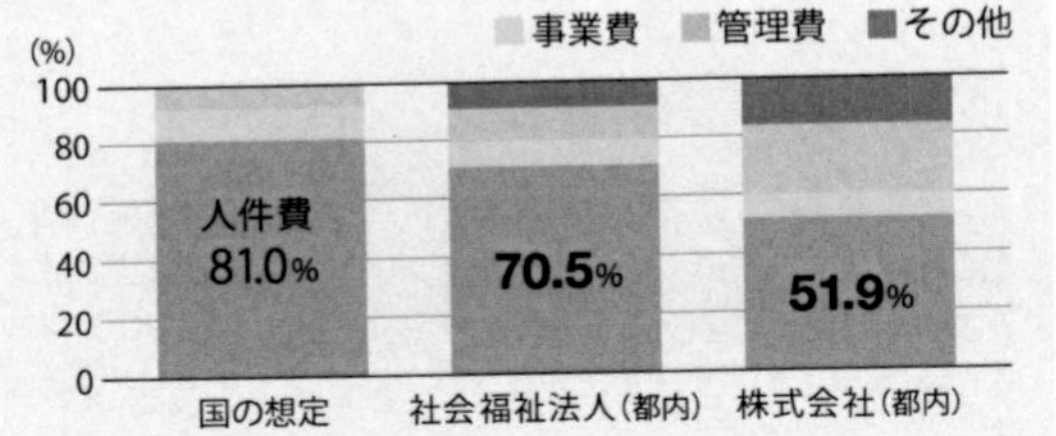

(注)国の想定は全国平均、社会福祉法人と株式会社は都内の実績。管理費には業務委託や土地建物の賃借料が、その他には積み立て(人件費、修繕費)・他施設への資金流用、新規開設費用がある
(出所)内閣府、東京都の資料を基に筆者作成

弾力化制限で待遇改善を

ある程度の委託費の弾力運用は必要としても、それを最低限にとどめた場合、当然ではあるが保育士の賃金は高くなる傾向がある。年収が約469万円で4番目に高かった「生活クラブ保育園ぽむ・砧」（世田谷区）を運営する生活クラブ生活協同組合は、「生協の食材宅配」で知られ、営利を目的としない事業運営をしている。地域づくりと助け合いの一環で、2007年に認可外保育所を設置。現在、都内に認可保育所2カ所と小規模保育所2カ所を展開している。

常勤保育士は新人でも基本給月額20万円が保障される。18年度の賞与実績は基本給3カ月分。ほかに処遇改善費が期末手当として支給された。生活クラブによれば、ぽむ・砧は16年度当時、園児が0～2歳児の30人定員。補助金単価の高い乳児のみの園で配置職員数も少なかったことが影響して例年より賃金が高くなったとされるが、「その園に支給された運営費はその園で使う」ことを基本に、委託費の弾力運用額は最低限だ。

施設の整備費は生活クラブ本体の資金からいったん賄われるため、保育所を新規開設したとしても、既存の保育所にコストカットを強いたり、金融機関から借り入れたりする必要がない。たすけあいネットワーク事業部の若松恵子課長は、「儲けるための参入では保育士は疲弊して辞めていく。生活クラブには、協同組合として働く人を大事にしたいという考え方がある」と語る。

ぽむ・砧を訪れると、乳児クラスでは保育士らの歓声が上がっていた。園児が初めてトイレで排便できたことを皆で見守っていたのだった。0歳児クラスの保育士（50代）は、「職場の雰囲気がよく、仲間と一緒に丁寧な保育ができる。毎日、子どもがかわいいと思いながら働くことができて幸せだ」と話す。保育士が大事にされなくてはよい保育ができるはずがない。同園の保育士らは「ここに就職してよかったが、子どもの命を預かる保育の仕事を社会にもっと評価してほしい」と口をそろえた。

賃金の高低だけでは一概に善しあしの判断はできないが、委託費の弾力運用が保育士の低賃金に直結していることは間違いない。この実態を放置したままでは、子どもの安全は守られないだろう。

小林美希（こばやし・みき）

神戸大学卒業。株式新聞社、毎日新聞社『エコノミスト』編集部を経てフリージャーナリストに。『ルポ　保育格差』（岩波新書）、『ルポ　保育崩壊』（同）など著書多数。

認可外保育施設でも5年間はフリーパス

政権肝いりの少子化対策、幼児教育・保育の無償化が、10月からいよいよ実施された。

2019年3月に行われたインテージリサーチの調査（サンプル数は1万803人）によれば、全体の約7割、当事者である未就学児のいる世帯では9割近くが賛意を示しており、世論の評判は上々。が、自治体や保育の専門家からは、「子どもの安全」が置き去りにされていると、批判の声が相次ぐ。

問題となっているのは、無償化の対象になる施設に、国の定める設置基準（指導監督基準）を満たさない認可外保育施設も、今後5年間は「経過措置」という形で含まれる点にある。市区町村に「保育の必要性」を認められた3～5歳児の利用料が、月

3・7万円まで無償になる。

「どんなに劣悪な環境の園でも、5年間はフリーパスで無償化、というのはあまりに乱暴。結局、国が言いたいのは『子どもを産んだらとっとと預けて働き、税金を納めましょう』ということ。これでは子どもは主役じゃない。死亡事故でも起これば、矢面に立たされるのはわれわれですよ」。都内のある区で保育政策を担当する職員は怒りをあらわにする。

夜間も保育を行うベビーホテル、事業所内保育所、ベビーシッターなどが含まれる認可外保育施設は、国内に約9666カ所あり、約22万人の保育の受け皿となっている(2017年度)。特色ある教育方針を掲げ、あえて認可外を選ぶ施設がある一方で、劣悪な環境の所も多い。

認可外保育施設の開設はハードルが低い。認可保育所が認可を獲得するまでに複雑なプロセスを経て、「児童福祉審議会」で専門家の助言を受ける機会があるのに対し、認可外の場合は、開設後1カ月以内に都道府県に届出をすることだけだ。

劣悪な施設がないか点検するため、都道府県は年に1回をメドに立ち入り調査を行い、国の基準を満たさない施設には指導を行う。東京都の場合「保育士経験者などを非常勤職員として雇い、1年で1000カ所以上を巡回指導している」(東京都福祉保健局の担当職員)。それでも、施設や自治体関係者は「新しく届け出が出された施設すら回りきれていない」と語る。

立ち入り調査が行われた施設だけでも、厚生労働省によれば17年度で約45%の認可外が、認可園の設置基準よりも緩い国の基準を満たしていなかった。しかも、「夕方保育士が1人で保育をしている、園児の健康診断が未実施、といった、子どもの命に直結する指摘が多い」(指導監督の経験者)。

待機児童の多い地域では、認可園に落選した家庭がこうした園でも「救済先」として利用せざるをえないのが実状だ。これを考慮し、基準を満たしていない認可外が基準をクリアするために国が設けた猶予期間が5年間だ。

いかに認可外の質の確保をするか。無償化に当たり、これまで認可外の運営にほぼ関わってこなかった市区町村は、施設から提出された届出の確認作業を担うことになり、責任は増える。そこで、独自に質の低い施設を無償化の対象から除外する動きも出てきた。

認可外保育施設は申請書を提出すれば開設できる

認可外保育施設

1. 認可外保育施設を開設
2. 事業開始から1カ月以内に都道府県へ届け出
3. 都道府県は市区町村と届け出内容を共有

■ 劣悪な保育環境の施設は多い
―施設立ち入り調査の結果―

種別	指導監督基準に適合しない施設の割合
ベビーホテル	58%（553カ所）
事業所内保育施設	39%（391カ所）
その他の認可外	43%（1463カ所）
合計	45%（2407カ所）

（注）届け出対象の認可外保育施設数は9666カ所（前年比22%増）、うち約55%に当たる5332カ所に立ち入り調査を実施
（出所）厚生労働省「平成29年度　認可外保育施設の現況取りまとめ」を基に本誌作成

＼こんな指摘が多い…／

- 乳幼児や職員の健康診断が未実施
- 安全確保への配慮がない
- 職員の数が少ない

杉並、江戸川は独自条例

東京23区を対象に、本誌が文書や聞き取りでの調査を行ったところ、杉並区と江戸川区はすでに条例を制定し、基準に満たない施設を無償化対象から外す。杉並区の子ども家庭部保育課はその意図をこう語る。「3～5歳の待機児童はゼロで、条例で不利益を被る家庭はない。対象とならなかった施設は、質向上に努力しており、いい風潮だ」。

江戸川区は「一律に排除するのではなく、独自の運営方針で国の基準にそぐわない施設などは区が確認のうえで対象に加えるなど臨機応変に対応していく」（子育て支援課）。埼玉県朝霞市は同様の制限条例を制定。荒川区、新宿区も検討中だ。

条例は制定せず、独自基準を設ける区もある。全国最大の待機児童を抱える世田谷区の場合、基準を満たさない認可外への3～5歳児の在籍数は約300超。一律に対象外にするのは非現実的だ。そこで「都の巡回に区の職員が立ち会い、認可外の実態把握から始める。20年に認可外の指導監督責任が都から区に移管されるため、これを機に区独自の基準を設けることも検討する」（保育担当部）。

葛飾区は5年の経過期間を1年6カ月に短縮する。それ以外も「都の巡回に区の職員が立ち会い、実態把握することで、必要な対策を考える」（文京区、練馬区、江東区など）という。かといって、市区町村が割ける人材も限られている。複数の区では、認可保育園の実地調査を行う巡回員を、認可外にも回すというが、「増員は難しく、1日に何園も訪問する過密スケジュールで、皆疲弊している」（ある区の担当者）。

年約8000億円の財源を投じる先は、幼保無償化でよかったのか。市民団体「みらい子育て全国ネットワーク」の副代表、井上竜太氏は「育児世帯にとって無償化は歓迎だが、優先すべきは待機児童の解消や、保育士の処遇改善などではないか」と語る。

「保育園を考える親の会」の普光院亜紀氏もこう警鐘を鳴らす。「幼保の無償化で先行する韓国の場合、保育士の待遇改善にまで資金が回らず、認可園で虐待まがいの保育が行われるなど、質の低下が報告されている。日本も二の舞になるのでは」。

待機児童数は19年4月時点で過去最小を記録したが、まだ1・7万人いる。無償化によって保育需要が増える可能性も指摘される。前出の普光院氏の試算では、財源8000億円の半額程度で、全保育士の平均年収を全産業平均まで押し上げる処遇改善が可能だという。共働き家庭とその子どもが直面する問題の本質は、いまだ先送りされたままだ。

（印南志帆）

【匿名座談会】長時間労働に採用難

追い込まれる保育現場

無償化の流れの中で入園希望者がさらに増加すると見込まれる一方、保育現場の慢性的な人手不足は深刻化の一途をたどる。いま現場では何が起きているかを保育園関係者に聞いた。（個別取材を基に座談会形式で構成）

【保育士A】40代女性。新卒採用後、数園を経験
【保育士B】30代女性。子育て中でパート勤務
【園長C】都内で複数の保育園を運営
【園長D】複数の保育園で園長を経験
【保護者E】40代女性。都内新設園を利用

――とにかく勤務時間内に仕事が終わらないという声を聞きます。

【保育士A】　残業のない保育園はほとんどない。休憩時間をすべて潰しても終わらないほどの仕事量だ。中でも負担なのが事務作業。子どもたちの活動記録や保護者への連絡帳の記入に加え、週ごと、月ごとの保育計画の策定もある。あとは行事関連の手作業。運動会やクリスマス会ではこだわって装飾や衣装を手作りすることが求められる。

【保育士B】　保育現場の「手作り信仰」は異常だ。私はいまパートタイムで働いているが、ベテランの保育士が22時すぎまで残業したり、終電を逃してホテルに泊まったりといった話を聞く。とても子育て中は常勤にはなれないと感じる。

――業務過多で余裕がなくなると、現場の雰囲気も悪くなりがちです。

【保育士B】　人手不足なので新人をろくに教育できないまま、すぐに現場に送り出している。当然大小のミスを犯すことになり、上司からはそれをすごく責められる。

【保育士A】　子どもにケガをさせた場合、通常なら主任や園長が担当保育士と一緒に謝罪する。だが園長がすべて保育士に責任を押し付けた結果、メンタルを病んだ保育士もいる。約20人の職員の半分が一斉に退職を希望し、実際に年度の途中で退職した保育士もいた。辞めるのは年度末というのが保育士文化。待てなかったのは、よほど限界に近づいていたのだろう。

【保育士B】園長や主任に現場の人を育てる気がない、守る気がないと感じた場合、今の保育士は、早いと入って2カ月ぐらいで辞めてしまう。

――保育士の採用難や離職者増は業界全体の大問題ですね。

【園長C】保育施設の急増が背景にあると思っている。大手は地方の保育士養成校や求人イベントに出向いて青田買いをしている。だが大量採用した新卒が職員の半分を占めるような施設では、技量も身に付かない。それなのに採用後数年で主任や園長となり、責任だけ重くなる。辞めたくなるのも当然だ。

【園長D】長時間残業や過大な負荷、そこから来る人間関係の悪化など離職者増につながる問題の原因は、国の定める保育士の配置基準の低さに尽きると思っている。

それでも国は保育士を増やすより、資格がなくても働ける方向に舵を切っている。これでは残る保育士にますます負荷がかかることになる。

【保護者E】　私は19年から、大手の株式会社が運営する都内の新設園に子どもを預けている。経験の浅そうな保育士が子どもに向かって、「抱っこしても泣きやまないから、もう抱かない」と突き放している姿を目にしてあぜんとした。園長はそうした保育士を指導している様子はないし、何か指摘しても「本部に確認します」としか言わない。

紹介人材の定着率は低い

――保育士確保に人材紹介会社を活用することも多いそうですね。

【園長C】　うちにも営業の電話が週2～3回はかかってくるし、近隣の保育園でも使っているところは多い。

【園長D】　園長が集まると、どの紹介会社がよかったかなど、盛んに情報交換している。ただ、一般的に定着率はよくないようだ。

【園長C】　年収の約3割と高額な紹介手数料を取りながら、早々と転職を勧めるような悪質な業者もいる。

【保育士A】　保育士からすれば、紹介会社に登録すると担当者から園の雰囲気や定着率など表に出ていない「裏事情」を聞けるのでありがたい。逆にハローワークの求人は〝外れ〟が多い印象だ。

——給与水準の低さも離職理由によく挙げられます。

【保育士A】　忙しさに見合うかは別にして、定期昇給もそれなりにあり、それほど不満には感じていない。ただし、男性保育士はこの給料で家族を養うのは難しいだろう。

【保育士B】　保育士養成校の同期で男性は10人いた。当初は全員保育園に就職したが、1年後に残っていたのは1人だけ。男性保育士が結婚を機にもっと稼げる別職種に転職する「結婚退職」はごく一般的だ。

【園長C】　うちの保育園の正職員は平均年収480万円ほどで、他業種にそう見劣りするわけではない。補助金が潤沢な東京23区内の保育園なら、ちゃんと人件費に回せばこのぐらいは出せるはずだ。新規開設費などに流用する事業者が問題なのであり、必ずしも保育園が「ブラック職場」なわけではない。

——こうした職場環境で、子どもの安全は守られるのでしょうか。

【保育士B】 散歩中の交通事故やプール事故などが報じられたこともあり、園長は責任を避けるのと人手不足を理由に、散歩やプールなどの活動を抑制している。ただ、安全を維持できるだけの人員を確保することが本質で、子どもの活動を制限するというのは本末転倒だ。

【保護者E】 うちも今夏からプールは行わないと通告され驚いた。多くの園を運営しているのだから、先行事例のノウハウを活用するなど知恵を絞ってほしい。安全のために何もしないというのでは不信感が募るばかりだ。

（構成・風間直樹）

支援員が足りない　学童保育の窮状

共働き家庭などの小学生が、放課後や長期休暇時に利用する学童保育（学童）。登録児童数は123万人と増加の一途をたどっている。施設数も増えてはいるが追いつかず、地域によっては多数の児童が限られたスペースでの利用を余儀なくされている。

「児童数が増え場所が足りないため、昼食は2部制になった」。東京・世田谷区で子どもが学童を利用している女性は実情を話す。「ランチョンマットを敷くとスペースが取られるので持ち込まないように、とまで言われている」。

待機児童数も約1・7万人に上る。そこで政府は2018年に、翌19年からの5年間を対象とする「新・放課後子ども総合プラン」を策定。受け皿を約30万人分整備する目標を掲げた。子どもの小学校入学後、主に母親が仕事を辞めざるをえなくなる「小1の壁」を打破するため、保育所同様にニーズを調査し必要量を整備するという方針だ。

学童一辺倒は早計

対して、学童や保育の問題に詳しい日本総合研究所の池本美香主任研究員は、「財源の制約や人手不足も考慮すれば、学童の整備一辺倒ではなく、子どもの居場所づくりをより幅広く検討すべきだ」と話す。

学童の課題として、施設の確保と並んで指摘されるのが、職員である支援員の不足だ。平日は夕方だけだが、長期休暇中は終日働く。処遇改善が欠かせないが、そうしたばらつきのある労働時間がネックだ。池本氏は「平日の午前中は学校で働いたり、児童館に所属し乳幼児家庭の支援を行ったりするなど、フルタイムの雇用とすることも検討すべきだ」と指摘する。職員が配置され開館時間が長い児童館を生かさない手はないという。

乳幼児とは異なり多少の手助けで自立できる小学生への支援は、多様な選択肢こそが求められそうだ。

【週刊東洋経済】

本書は、東洋経済新報社『週刊東洋経済』2019年9月21日号より抜粋、加筆修正のうえ制作しています。この記事が完全収録された底本をはじめ、雑誌バックナンバーは小社ホームページからもお求めいただけます。

小社では、『週刊東洋経済 eビジネス新書』シリーズをはじめ、このほかにも多数の電子書籍ラインナップをそろえております。ぜひストアにて**「東洋経済」で検索**してみてください。

『週刊東洋経済 eビジネス新書』シリーズ

No.298　地方反撃
No.299　東証1部　上場基準厳格化の衝撃
No.300　狂乱キャッシュレス
No.301　ファーウェイの真実（上巻）米国の「制裁」はこれからが本番だ
No.302　ファーウェイの真実（中巻）紅いピラミッドに組み込まれた日本

No.303　ファーウェイの真実（下巻）半導体と知的財産への飽くなき渇望
No.304　自動車　乱気流
No.305　不動産バブル　崩壊前夜
No.306　ドンキの正体
No.307　世界のエリートはなぜ哲学を学ぶのか
No.308　ＡＩ時代に食える仕事・食えない仕事
No.309　先端医療ベンチャー
No.310　最強私学　早稲田　ｖｓ．慶応
No.311　脱炭素経営
No.312　５Ｇ革命
No.313　クスリの大罪
No.314　お金の教科書
No.315　銀行員の岐路
No.316　中国が仕掛ける大学バトル

No.317　沸騰！再開発最前線
No.318　ソニーに学べ
No.319　老後資金の設計書
No.320　子ども本位の中高一貫校選び
No.321　定年後も稼ぐ力
No.322　ハワイvs.沖縄　リゾートの条件
No.323　相続の最新ルール
No.324　お墓とお寺のイロハ
No.325　マネー殺到！　期待のベンチャー
No.326　かんぽの闇　保険・投信の落とし穴
No.327　中国　危うい超大国

週刊東洋経済eビジネス新書　No.328
子どもの命を守る

【本誌（底本）】
編集局　井艸恵美、辻　麻梨子、風間直樹
デザイン　鈴木聡子
進行管理　宮澤由美
発行日　2019年9月21日

【電子版】
編集制作　塚田由紀夫、長谷川　隆
デザイン　大村善久
制作協力　丸井工文社
発行日　2020年3月9日　Ver.1

発行所　〒103-8345
東京都中央区日本橋本石町1-2-1
東洋経済新報社
電話　東洋経済コールセンター
03（6386）1040
https://toyokeizai.net/
発行人　駒橋憲一

電子書籍化に際しては、仕様上の都合などにより適宜編集を加えています。登場人物に関する情報、価格、為替レートなどは、特に記載のない限り底本編集当時のものです。一部の漢字を簡易慣用字体やかなで表記している場合があります。本書は縦書きでレイアウトしています。ご覧になる機種により表示に差が生じることがあります。

※本刊行物は、電子書籍版に基づいてプリントオンデマンド版として作成されたものです。